中华创世神话研究工程
系列丛书

中华创世神话图像编

上海市社会科学界联合会 组织编写

黄帝创世神话图像谱系

THE PICTORIAL GENEALOGY OF YELLOW EMPEROR'S CREATION MYTHS

覃霄 张毅 著

上海人民出版社

编写说明

由上海市社会科学界联合会组织实施的中华创世神话学术研究工程是"开天辟地——中华创世神话"文艺创作与文化传播工程的重要组成部分，是弘扬中华优秀传统文化的一项基础性工作，是打造上海文化品牌的一项重要内容。

自 2017 年以来，在中共上海市委宣传部的指导下，在上海市哲学社会科学规划办公室的支持下，上海市社会科学界联合会积极联系国内相关领域的专家学者深入开展专题研究，在上海市哲学社会科学规划课题的研究基础上，集中研究力量和学术资源，推出了中华创世神话研究工程系列丛书。

本丛书旨在通过整理编纂各民族中华创世神话资料，研究和梳理中华创世神话脉络和体系，讲好中华创世神话故事，探索中华文明之源，弘扬中华民族精神，为中华文化培根固源，为中华民族塑魂铸魂，为今后学术研究、文艺创作提供参考。

本丛书的编纂得到上海社会科学院、上海交通大学、华东师范大学、上海大学、上海政法学院等单位学者的鼎力支持，也得到中国社会科学院、北京师范大学、华中师范大学等单位专家的大力帮助。

上海市社会科学界联合会

2020 年 12 月

序

中华创世神话叙事传承在历史上有三种主要形式：一是语言文字的叙事形式，二是仪式行为的叙事形式，三是图像物象的叙事形式。在文字还没有发明的时候，图像就是一种重要的跨越时空的记录形式与叙事形式，人们通过图像讲述着世界上发生的故事和他们浪漫想象的故事。

我们所熟悉的盘古开天地的故事，完整的语言文字叙事其实直到三国的时候才记录下来。但是，至少在东汉时期，四川的文翁石室，即所谓汉时讲堂，就画了三皇五帝，以及盘古开天辟地的故事。这些绘画故事声名远扬，从蜀中传到江南的建业都城。东晋时期的王羲之还托人去临摹，意图传承其中的绘画元素。东汉时期，一篇叫《鲁灵光殿赋》的文章里面记载，鲁灵光殿里绘有一组中华创世神话系列图像，其中有一幅重要的图画常常被忽视，在赋中是如此描述的："上纪开辟，遂古之初。"显然，此处图画的内容当是盘古开天辟地的故事。可见，在文字并没有很好记载的时代，图像已是一种独特的叙事系列。可惜，无论是四川的文翁石室，还是鲁灵光殿壁画，我们今天已经见不到了，这是非常遗憾的事。

《鲁灵光殿赋》中所描述的"伏羲鳞身，女娲蛇躯"为人们所熟知，但是描绘这些形象的图像传到唐代就比较少了，后来渐渐被人们淡忘。宋代马麟画了一幅伏羲的图像，是一位圣哲在画八卦，从此画八卦的伏羲占据了伏羲图像的主流地位。直到那些埋在地下的汉代的画像石、砖，以及唐代的伏羲女娲图像绢画被发掘出来，向我们展示了伏羲女娲的龙蛇之躯之后，我们方才恍然大悟。然而唐宋以后，伏羲女娲故事的主流题材却又是兄妹婚故事，可见图像叙事并没有很好地表现这些内容。秦汉隋唐伏羲女娲图像传播的时代，语言则讲述伏羲画卦，可见图像叙事与语言叙事并不同步，前者亦是文化多样性的重要构成形式。

图像是一种可视符号，对于文化的传承和认同具有独特的意义。图像的稳定性要比口头传播可靠性高，因此对于文化统一性的作用更为突出。神话学研究经常会提到的"语言疾病说"，实际上是对于神话的口头表达之不可靠性的一种深刻认识。"语言疾病"是神话演变的现象，但是并不意味着那是一件好事。鲁鱼亥豕是一种信息混乱，所以图像的优越性在一定程度上高于口头语言，这是事实。图像的跨越语言障碍的意义更是有效的文化传播的保障，在全球化的今日，其价值更为突出。

历史上我们很重视语言文献，相对来说对于图像文献则重视不够。近年来中外神话学者都对神话图像研究倾注了很大精力，图像叙事与图像分析是其中关注得比较多的问题。但是，像创世神话这样重要的图像问题，我们仍然重视不足。尤其在一种将中国神话视为残丛小语的错误认识下，神话图像也被认为是凌乱的，因此，创世神话的图像研究也是零散的。

当中华创世神话严整的、丰富的谱系性构成问题被揭示，创世神话的图像谱系问题也被严肃地提出来了。图像叙事虽只是神话叙事的形式之一，但图像的丰富性与多样性远远超出了传统的认识视野。在上海市"中华创世神话文艺创作工程"之"学术研究工程"的支持下，我们开展了中华创世神话的田野调查与研究，灿烂的中华创世神话图像恢弘地呈现在我们面前。这些图像既有古远的创世神图像元素的不朽传承，也有历史上世世代代的人民群众的创造，更有当代社会对于创世神话的创新性发展。所以，我们乐于将这些图像与世人分享，更乐意以文化谱系观对这些图像予以系统研究与整理，分享我们的神话观念。无论是文艺创作、审美欣赏，还是神圣敬仰、文化认同，这一中华创世神话图像谱系研究系列，都将是对于中国神话的一次大规模的探索与资源呈现。这不仅是为了中国人的文化自豪感建设，更是为世界人民增添一种文化自信：就像中国神话推助中华民族伟大复兴一样，世界上古老的神话资源一定能够将人类带向美好的未来。

田兆元　毕旭玲

2021 年 9 月 25 日于上海

目　录

第一章　黄帝创世神话概述

　　创世神话，"是人类思维发展到较高程度，社会发展到较高阶段，形成的对于文明发展具有承先启后的意义的关于文明创造的神圣叙事。"① 其内涵除了创造世界、创造人类的神话外，还应该包括人类对器物的创造、制度的创造和道德规范的创造。田兆元教授认为，创世神话可分为五大类型：（1）天地开辟的神话；（2）人类创生的神话；（3）器物发明的神话；（4）制度创立的神话；（5）精神建构的神话。

　　黄帝是古史传说中著名的人物之一，黄帝创世神话的伟大之处，是涵盖了器物发明神话、制度创立神话和精神建构神话。他统一中原各部，奠定了中华民族的雏形，建立了较早的社会体制形态，带领群臣进行各类创造发明，几乎囊括了军事、劳动、生活等各个方面，如造文字、制衣冠、造舟车、建宫室、赐姓氏、创立医药、研究军事等，推动了社会文明发展，因而被奉为中华民族的"人文初祖"。几千年过去，我们还自豪地称自己为"炎黄子孙"，延续对黄帝的崇拜与信仰，这是因为黄帝不再是一个姓氏谱系的代表，而是已经成了中华民族强有力的象征。在历史文献中，对黄帝的记载广泛分布于经、史、子、集等大量著作中，道家、法家、杂家、数术、方技、兵书、纬书等均有黄帝创世神话的讲述。一般认为，较早记录黄帝事迹的文献是《逸周书·尝麦解》，里面记载了赫赫有名的黄帝大战蚩尤的故事。在《国语》和《左传》等先秦重要典籍中对黄帝也有所提及。后来，司马迁又将其载入《史记·五帝本纪》中，进行了全面的描述，说他是"少典之子，姓公孙，名曰轩辕"。轩辕"修德振兵，治五气，蓺五种，抚万

---

① 田兆元：《创世神话的概念、类型与谱系》，《楚雄师范学院学报》2019 年第 34 期。

民，度四方，教熊罴貔貅貙虎"，从而打败蚩尤，替代炎帝神农氏，被各方诸侯尊为天子，统一天下。在考古学中，战国时期齐威王所铸"陈侯因育敦"上发现刻有铭文曰"高祖黄帝，迩嗣桓文"，据说这是对黄帝记载最早的器物记录，证明至晚在战国，已经存在了黄帝崇拜现象。

图1-1　陈侯因育敦图片及所刻金文。（台湾"中央研究院"傅斯年图书馆　藏）

第一节　黄帝的诞生

《帝王世纪》记载："黄帝，有熊氏少典之子，姬姓也。母曰附宝。"据说黄帝的母亲附宝在野外看见巨大的电光缠绕北斗七星，强烈的电光照亮了四周，从而感而有孕，一直怀孕二十五个月，才生下黄帝。《史记·五帝本纪》说他"生而神灵。弱而能言。幼而循齐，长而敦敏，成而聪明"。可见，黄帝的出生就已被描述成具有神性。

关于黄帝的早期形象，在《山海经·海外西经》描述道："轩辕之国在此穷山之际，其不寿者八百岁，在女子国北，人面蛇身，尾交首上。穷山在其北，不敢西射，畏轩辕之丘。在轩辕国北，其丘方，四蛇相绕。"袁轲先生也认为"古传黄帝或亦当作此形貌矣"。这是黄帝部族以蛇为图腾的象征。闻一多先生考证认为，上古姬通女又通巳，而巳即是大蛇，这种大蛇又被人们称作龙，被黄帝部落奉为图腾。对于黄帝部落的图腾，还有熊、天鼋、云等多种说法，在此不作赘述。

图1-1-1　轩辕国（左：明·蒋应镐绘图本　右：清·成或因绘图本）①

黄帝神话流传较广，关于黄帝的出生地，传说在当今河南的新郑、新密、禹州，陕西的姬水，甘肃的天水，山东的曲阜等地，在古籍中也莫衷一是。如《国语·晋语》云："昔少典娶于有蟜氏，生黄帝、炎帝。黄帝以姬水成，炎帝以姜水成。成而异德，故黄帝为姬，炎帝为姜。二帝用师以相济也，异德之故也。"一些史学家和考古学家认为，姬水，或许就在现在的陕西、河南境内。

而认为黄帝出生地在河南的学者则认为，轩辕黄帝又称"有熊氏"，居于"有熊国"，有熊即今天的新郑市。如汉代焦延寿《焦氏易林》云："黄帝为有熊国君，少典之子……有熊，今河南新郑。"《帝王世纪》云："（黄帝）有圣德，授国于有熊。郑也，古有熊之墟，黄帝之所都。"另外，《皇王大纪·五帝纪》提到黄帝出生时这样记载："黄帝轩辕氏，少典之后，曰公孙氏，母曰附宝，有蟜氏女也，感大电光绕北斗枢星，照于郊野之祥，生轩辕于寿丘，长于姬水，为姬姓。"这又是另外一种说法。为此，李桂民先生结合典籍，根据对黄帝族的地望和考古学上对庙底沟二期文化的研究，提出了"大中原"的观点，认为主要包

---

① 马昌仪：《古本山海经图说·下卷》，广西师范大学出版社2007年版，第773页。

括"河南中西部、关中东部和山西南部一带，不以今天某省城范围考察古文化遗存。"①

图 1-1-2 《廿一史通俗衍義》中绘制的地形图 ②

---

① 李桂民：《黄帝史实与崇拜研究》，中国社会科学出版社 2014 年版，第 10 页。

② 《古本小说集成》编委会编：《古本小说集成·第二辑·廿一史通俗衍義》，上海古籍出版社 2016 年版，第 18 页。

第二节　黄帝的创世神话

后世关于黄帝的创世神话的记载无论在古籍还是民间都较为丰富，总的来说主要有黄帝大战蚩尤（涿鹿之战）统一中原的神话、与治国有关的各种造物传说和得道成仙的故事。

一、黄帝大战蚩尤

黄帝大战蚩尤的故事，因发生在涿鹿一带，又称"涿鹿之战"，在众多文献中均有完整记载，但战争原因稍有不同。较早如《逸周书·尝麦解》有关黄帝的记载说道："蚩尤乃逐帝，争于涿鹿之阿，九隅无遗，赤帝大慑。乃说于黄帝，执蚩尤，杀之于中冀。"说的是蚩尤逐渐强大威胁到赤帝，赤帝即炎帝，于是炎帝请求黄帝协助，黄帝派兵前往，将蚩尤斩杀于中翼。《史记·五帝本纪》则是这么记载的："轩辕之时，神农氏世衰。诸侯相侵伐，暴虐百姓，而神农氏弗能征。於是轩辕乃习用干戈，以征不享，诸侯咸来宾从。而蚩尤最为暴，莫能伐。炎帝欲侵陵诸侯，诸侯咸归轩辕。"正史的记载影响了后世的小说创作，在明代插画小说关于蚩尤大战的原因中多见出于此文。

蚩尤是谁呢?《路史·蚩尤传》说："蚩尤姜姓，炎帝之裔也。"传说他原属炎帝部族的一支，到了榆冈时期，其居地产盐，又发明了冶炼金属、会制作兵器，蚩尤部落逐渐强大，成为炎帝部族中实力最强的一个部落。《史记正义》引《龙鱼河图》里形容他："蚩尤兄弟八十一人，兽身人语，铜头铁额，食沙石子，造立兵仗刀戟大弩，威振天下，诛杀无道，不仁不慈。"

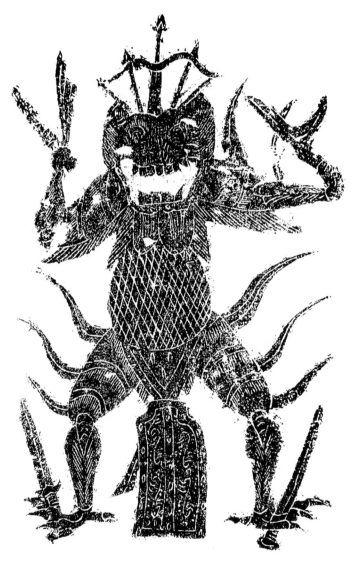

图 1-2-1　战神蚩尤（山东临沂汉画像石）①

汉代的蚩尤石画像俨然已经被刻画成厉害的战神形象，他口大如盆，眼如铜铃，头上三矢弓箭，身披盔甲，背有羽翼，双手双足均可舞动利刃长刀，令人不寒而栗。

① 王洪震：《汉画像石》，新世界出版社 2011 年版，第 5 页。

战争的过程异常激烈，蚩尤、黄帝各显神通，《山海经·大荒北经》中描述道："有系昆之山者，有共工之台，射者不敢北射。有人衣青衣，名曰黄帝女魃。蚩尤作兵伐黄帝，黄帝乃令应龙攻之冀州之野。应龙畜水。蚩尤请风伯雨师，纵大风雨。黄帝乃下天女曰魃，雨止，遂杀蚩尤。"

女魃，又作女妭，旱神，传说是黄帝的女儿。她秃头无发，喜青衣，所到之处滴雨不至。助黄帝打败蚩尤之后，无法返回天庭，"魃不得复上，所居不雨。叔均言之帝，后置之赤水之北。叔均乃为田祖。魃时亡之，所欲逐之者，令曰：'神北行！'先除水道，决通沟渎。……"

图 1-2-2 虎食女魃画像石拓片（河南省南阳汉画馆 藏）
西汉时期河南唐河县针织厂出土。画像砖高 62 厘米，宽 135 厘米。
最下端被按住女子应为古代神话中的旱鬼女魃。

在《史记·五帝本纪》中，黄帝打败蚩尤用的是"熊罴貔貅貙虎"这样的猛兽："轩辕乃修德振兵，治五气，蓺五种，抚万民，度四方，教熊罴貔貅貙虎，以与炎帝战于阪泉之野。三战，然後得其志。蚩尤作乱，不用帝命。於是黄帝乃徵师诸侯，与蚩尤战於涿鹿之野，遂禽杀蚩尤。"

在后来的典籍中，大多谈到是因为黄帝发明指南车而最终获得胜利，如《古今注》记载："黄帝与尤战于涿鹿之野，尤作大雾，军士皆迷，故作指南车以示四方，遂擒尤而即帝位。"《太平御览·卷十五》引《志林》云："黄帝与蚩尤战于涿鹿之野，蚩尤作大雾，弥三日，军人皆惑。黄帝乃令风后法斗机，作指南车以别四方，遂擒蚩尤。"

图 1-2-3　熊
南阳陈棚汉代彩绘画像石墓，刻于南后室北梁柱北侧。[①]

《通典·乐典》写道："黄帝与蚩尤战于涿鹿之野，蚩尤作大雾弥三日，军人皆惑，黄帝乃令风后法斗机，作指南车以别四方，遂擒蚩尤。"《通鉴外记》云："轩辕征师与蚩尤战于逐鹿之野，蚩尤作大雾，军士昏迷。轩辕作指南车以示四

---

① 凌皆兵主编：《色彩的记忆——南阳陈棚汉代彩绘画像石墓》，大象出版社 2018 年版，第 134 页。

方，遂擒蚩尤。"明代王世贞所著《纲鉴会纂·卷一三皇编》写道："轩辕乃征师诸侯，与蚩尤战于涿鹿之野，蚩尤作大雾，军士昏迷。轩辕为指南车，以示四方，遂擒蚩尤，戮于中冀，因名其地曰绝辔之野。于是诸侯咸归轩辕氏，代神农氏为天子，是为黄帝。"

在战争的最后，黄帝大胜，蚩尤被打败，结局主要有两种说法：一说是蚩尤被杀，如前文诸文献所引内容皆此说法；另一说是蚩尤并没有战死，而是加入黄帝联盟，成为一代战神。后来，他去开拓南方，成了南方民族的祖先、中华民族的三祖之一。作为三苗部落的首领，蚩尤被奉为苗族祖先，至今在贵州各地还能看到蚩尤像。《述异记》云："蚩尤氏耳鬓如剑戟，头有角，与轩辕斗，以角抵人，人不能向。"

图 1-2-4　2017 年 9 月贵州首尊蚩尤公塑像于兴仁苗乡落成（田威　摄）

二、黄帝造物神话

黄帝大战蚩尤取得胜利后，"诸侯咸归"，黄帝担任联盟首领，不断开疆扩土，天下统一，逐渐趋于稳定太平，在黄帝治下建立起各种社会制度。与之相匹配的是黄帝及其臣子诸多的发明创造，构成了原始社会的雏形，黄帝也因此被称为"人文初祖"而流芳千古。这些发明创造包罗万物，宋高承《事物纪原·卷七》记载："凡技术皆自轩辕始。"苏辙在《古史》中称："书契、律历、衣服、栋宇、舟车、弧矢之利，皆本于黄帝。"光是有据可依的典籍记载统计，黄帝时期发明创造的物品数量就已多达近百件，这些发明主要有服饰、舟车、宫室、饮食及器物、医药、乐律等。

（一）发明服饰制度

黄帝的一大贡献是"垂衣裳而治天下"，他通过对服饰鞋帽的规范，将社会进行分级管理，形成严格有序的服装系统。因此，黄帝也被尊为服装行业的鼻祖。像在广东潮阳供奉的黄帝庙，便将黄帝尊为纺织行业的始祖。关于黄帝创造"冕"的说法，如《尚书大传·略说》和《风俗通义·皇霸》记载："黄帝始制冠冕。"《世本·作篇》记载："黄帝作旃，黄帝作冕旒。"《说文解字》记载："古者黄帝初作冕。"《通典》卷五十七说："上古衣毛帽皮，后代圣人见鸟兽冠角，乃作冠缨。黄帝造旒冕，始用布帛（冕者，冠之有旒）……黄帝作冕，垂旒，目不邪视也。充纩，示不听谗言也（事见世本）。"

到了战国《竹书纪年》，则出现了"冕服"的记载："黄帝轩辕氏……元年，帝即位。居有熊。初制冕服。皇甫谧曰：'有熊，今河南新郑是也。'"晋代王嘉所著《拾遗记》写有"轩辕出自有熊之国。母曰昊枢，以戊己之日生，故以土德称王也，时有黄星之祥。考定历纪，始造书契。服冕垂衣，故有衮龙之颂"。

其中，还出现了将上衣称为"衣"，下衣称作"裳"的说法，不仅如此，还阐明了服饰对社会治理的作用。如《汉书·律例志》写道："黄帝始垂衣裳，有轩冕之服，故天下号轩辕氏。"汉代《风俗通义·皇霸》云：黄帝"始垂衣裳"。《易·系辞下》云："黄帝尧舜垂衣裳而天下治，盖取诸乾坤。"南宋《路史·疏仡纪·黄帝篇》写道："黄帝法乾坤以正衣裳"。元代《十七史纂古今通要》记载黄帝"夫然后制轩冕，别章服，使知贵贱有等。上下有序，各安其分焉。其通变而使不倦，神化而使民宜，垂衣裳而天下治者如此"。《古今图书集成·礼仪典》载："昔者黄帝作服，百姓始去皮服布。"唐代著名学者孔颖达为《易·系辞下》作注，对衣裳的款式有更加细致的描述："黄帝制其初，尧舜成其末，垂衣裳者，以前衣皮，其制短小，今衣丝麻布帛，所制衣裳其制长大，故云垂衣裳也。"

也有一些历史文献认为服饰是黄帝的臣子发明的，如明代《物原》称："伏羲作裘，轩辕臣胡曹作衣，伯余为裳，因染彩以表贵贱，舜始制袞及黻深衣，禹作襦裤。"《轩辕本纪》载："时有臣胡曹造衣，臣伯余造裳。"还有的典籍是说黄帝"命西陵氏劝蚕稼"（《路史》），这在后世小说中也有类似记载。

图 1-2-5　明万历三十四年（1606 年），余象斗编《列国前编十二朝传》插图 [1]

（二）造舟车

《易经·系辞下》说："黄帝时，刳木为舟，剡木为楫，舟楫之利，以济不

---

① 古本小说集成编委会编：《古本小说集成·第 3 辑 45·列国前编十二朝》，上海古籍出版社 2017 年版，第 174 页。

通。"在历史文献和民间传说中对黄帝发明车辆的记载，往往与涿鹿之战联系在一起。如《古今注》记载："黄帝与尤战于涿鹿之野，尤作大雾，军士皆迷，故作指南车以示四方，遂擒尤而即帝位。"《太平御览·卷十五》引《志林》云："黄帝与蚩尤战于涿鹿之野，蚩尤作大雾，弥三日，军人皆惑。黄帝乃令风后法斗机，作指南车以别四方，遂擒蚩尤。"《通典·乐典》说道："黄帝与蚩尤战于涿鹿之野，蚩尤作大雾弥三日，军人皆惑，黄帝乃令风后法斗机，作指南车以别四方，遂擒蚩尤。"宋代刘恕的《通鉴外记》云："轩辕征师与蚩尤战于逐鹿之野，蚩尤作大雾，军士昏迷。轩辕作指南车以示四方，遂擒蚩尤。"

此外，关于造车者也有文献认为是奚仲，《山海经·海内经》写道："帝俊（即虞舜）生禹号，禹号生淫梁，淫梁生番禺，是始为舟。番禺生奚仲，奚仲生吉光，吉光是始以木为车。"《世本·作篇》提到"奚仲始作车"。许慎在《说文解字》一书中认定："车，夏后时奚仲所造。"《管子》亦云："奚仲之为车也，方圆曲直，皆中规矩钩绳，故机施相得，用之牢利，成器坚固。"《元和郡图志》中指出："奚公山在（滕）县东南六十里，奚仲初造车于此。"还有的认为是玄女所作，如《黄帝内传》说道："玄女为帝制司南车当其前，记里鼓车当其后。"黄帝及其臣子发明舟车，"以济不通"（《汉书》），极大地扩大了活动的范围，人们所到达的疆域更广阔了。

（三）发明宫室

据传，黄帝还是宫室的发明者。如《史记·封禅书》说："黄帝时为五城十二楼。"《轩辕本纪》说："黄帝筑邑造五城。"《新语》："天下人民野居穴处，未有宫室，则与禽兽同域。于是黄帝乃伐木构材，筑作宫室，上栋下宇，以避风雨。"《白虎通》："黄帝作宫室，以避寒暑。"

（四）饮食及其器物方面

另外，据说黄帝时期还结束了以肉为主的饮食结构，以谷物为主食，与我们今天的饮食结构很接近。《世本·作篇》曰："黄帝造火食。"《管子·轻重戊篇》写道："黄帝作钻燧生火，以熟荤腥，民食之，无兹胃之病，而天下化之。"《淮南子》记载："黄帝作灶。"《古史考》里说："黄帝始蒸谷为饭，烹谷为粥……

黄帝始造釜甑。"釜甑是做饭的器皿。《物原》写道："黄帝作碗碟。几创始自黄帝也。"

（五）乐律

除了以上所列举的发明创造外，据说黄帝还发明了乐律，像《庄子·天下》写有"黄帝有《咸池》之乐"。《古今注》写道："短箫铙歌，军乐也，黄帝使岐伯所作也。"《通纂》也记载："黄帝使伶伦造磬。"《初学纪》卷九引《归藏·启筮》有："黄帝作《枫鼓之曲》。"《世本》载："黄帝使素女鼓瑟"。《黄帝内传》写道："玄女为帝制夔牛鼓八十面。"

（六）其他

此外，黄帝和其臣子还有很多发明创造，《吕氏春秋·审分览·君守篇》说："奚仲作车，苍颉作书，后稷作稼，皋陶作刑，昆吾作陶，夏鲧作城。此六人者，所作当矣。"《史记·历书》索隐引《世本》云："黄帝使羲和占日，常仪占月，臾区占星气，伶伦造律吕，大桡作甲子，隶首作算数，容成综此六术而著调历也。"《抱朴子·道意》记载："隶首，不能计其多少；离朱，不能察其髣髴。"这两处都提到隶首发明数学，制定度量衡，《世本·作篇》还说"黄帝作宝鼎三。"《世本·作篇》里除了提到黄帝时发明了冕衣、扉履以外，还有弓、矢、杵、臼、耒耜、铫、耨、规矩、准绳等。《汉书》记载："棺椁之作，自黄帝始。"《周易·系辞》载"黄帝作弩"。《孙膑兵法·势备》载"黄帝作剑。"……

三、黄帝升仙神话

黄帝崇拜早在先秦时期已经形成，到了战国时期，统治者出于统一思想的需要，出现了极力推崇黄帝崇拜的局面。同时期的思想家邹衍将黄帝和老子结合，形成"黄老道德"学说。西汉后，黄老之学兴起，尊黄帝为始祖，尊老子为道祖。黄帝被塑造成勤于治国，问道求仙的圣帝形象。后世有关政治、哲学、医书、天文、地理或是养生之书，多依托黄帝之名借以传道，如《黄帝四经》《黄帝内经》《黄帝内经素问》《黄帝九鼎神丹经诀》等，多不胜数。

　　道家典籍对黄帝的记载也很多。汉代的《列仙传》是第一篇从道家观点讲述黄帝的文章，后来道教系统典籍如《广黄帝本行记》《云笈七签》《历世真仙体道通鉴》等对黄帝的描述，基本上是基于《帝王世纪》等对黄帝的描述或扩展或补充而成。《列仙传》中的黄帝生平讲述基本上与其他典籍一致，但增加了西王母献白玉环、黄帝游华胥国、黄帝寻真问道最后乘龙升仙等情节和过程。在这些讲述中，加入了黄帝对治国的思考和道家治国的思想，黄帝两顾崆峒山向广成子请教"至道之要"，呈现出一个谦虚学子拜师求道的形象。

　　在道教与黄帝有关的故事中，黄帝问道广成子、铸鼎升仙的故事流传最为广泛。《史记·封禅》记载："黄帝采首山铜，铸鼎於荆山下。鼎既成，有龙垂胡髯下迎黄帝。黄帝上骑，群臣後宫从上者七十馀人，龙乃上去。馀小臣不得上，乃悉持龙髯，龙髯拔堕，堕黄帝之弓。百姓仰望黄帝既上天，乃抱其弓与胡髯号，故後世因名其处曰鼎湖，其弓曰乌号。"《抱朴子·极言》写道："黄帝服神丹之后，龙来迎之。"《列仙传》稍晚于《史记》，行文一百余字，勾勒了黄帝乘龙仙去的形象："黄帝者，号曰轩辕。能劾百神，朝而使之。弱而能言，圣而预知，知物之纪。自以为云师，有龙形。自择亡日，与群臣辞。至于卒，还葬桥山，山崩，柩空无尸，唯剑舄在焉。仙书云：黄帝采首山之铜，铸鼎于荆山之下，鼎成，有龙垂胡髯下迎帝，乃升天。群臣百僚悉持龙髯，从帝而升，攀帝弓及龙髯，拔而弓坠，群臣不得从，望帝而悲号。故后世以其处为鼎湖，名其弓为乌号焉。神圣渊玄，邈哉帝皇。蘩苤万物，冠名百王。化周六合，数通无方。假葬桥山，超升昊苍。"后来的文献在此基础上增加了诸多情节，如"二郎神加高崆峒山""广成子与赤松子""黄帝求道""黄帝二次求道""广成子讲授治国之道""黄帝治国""黄帝修道"等情节。

图 1-2-6 "黄帝问道广成子"，明朝万历年间王世贞汪云鹏著《列仙全传》插图

第三节　古代黄帝祭祀

黄帝祭祀是黄帝创世神话的仪式行为叙事，是民众借助信仰活动对黄帝创世神话的认同表现和互动形式，是黄帝创世神话的文化关联内容之一。古代对黄帝的官方祭祀，存在将黄帝神化的天帝祭祀和崇尚黄帝功德的人文祭祀两条主线，经历了从神仙到人帝的崇拜兴衰变化过程。一般来说，黄帝崇拜的特点大致可分为明清以前和明清及之后的两个阶段。早在秦汉时期，黄帝祭祀被正式列入国家祭典，东汉时期，记载民间祭祀黄帝的文献出现。但一直到明清之前，因神学的兴盛和对黄帝的仙化，对黄帝的祭祀活动基本上是以五帝并祀为主，偶有帝陵祭祀和黄郊另祀。后来，伴随着社会变化等因素，黄帝神性地位削弱，人文地位增强，明清至以后，官方祭祀体现了黄帝"人文初祖"的地位，祭祀形式也日渐丰富。

先秦时期，已经产生对黄帝的崇拜观念，战国史官所作《竹书纪年》中说："黄帝崩，其臣左彻取衣冠几杖而庙祀之。"这时对黄帝的崇拜和祭祀基本上是出于对黄帝打败蚩尤、结束战乱、统一天下、建立社会制度、摆脱蒙昧走向文明的功德而产生的，这是较早对黄帝祭祀的雏形。

黄帝功德之高，除了前文所说的统一天下、发明创造外，还在于其文治之功。文献中屡有记载，《管子》中写道："黄帝之治天下也，其民不引而来，不推而往，不使而成，不禁而止，故黄帝之治也。"可见黄帝深受百姓爱戴。《庄子》云："世之所高，莫若黄帝。"《大戴礼记·五帝德》引孔子之言说："（黄帝）生而民得其百年，死而民畏其神百年，亡而民用其教百年。"《史记·三代世表》说："黄帝策天命，而治天下，德泽深后世，故其子孙皆复立为天子，是天之报有德也。"东汉王允《论衡·祭意》说："黄帝正名百物，以明民共财，颛顼能修之……凡此功烈，施布于民，民赖其力，故祭报之。"王允又在《论衡·奇怪》写道："实者，圣人自有种族，如文、武各有类。孔子吹律，自知殷後；项羽重瞳，自知虞舜苗裔也。五帝、三王皆祖黄帝。黄帝圣人，本禀贵命，故其子孙皆为帝王。"这是说黄帝是后世历代帝王的祖先，理应供奉。

但另一方面，自先秦时期开始，出现了阴阳五行思想将黄帝与时节、五行相配，神化为司时之神而祭祀的现象。秦汉时期，黄老学说抬头，黄帝逐渐演化成天神受到祭拜。像《吕氏春秋》中提到，将一年四季划分为十二个月，认为黄帝主宰季夏之月。又配以青赤白黑黄五色帝，其文曰："凡帝王者之将兴也，天必先见祥乎下民。黄帝之时，天先见大螾大蝼。黄帝曰：'土气胜'。土气胜，故其色尚黄，其事则土。"《论衡·验符》说："黄为土色，位在中央，故轩辕德优，以黄为号。"说明当时已经建立起以黄帝为主的五帝文化，这对后世将黄帝作为天帝与五帝合并祭祀产生了深远影响。

到了两汉时期，统治阶层对长生不老的追求，使得道教系统中黄帝修道成仙的传说进一步受到追捧，这个时期对黄帝的神化可以说达到了高峰。《史记·封禅书》记载了汉代的建畤情况：秦襄公作西畤，祠白帝。宣公作密畤，祠青帝。灵公作吴阳上畤，祠黄帝；作下畤，祠炎帝。汉高祖又立黑帝祠，曰"北畤"，将自己神化为黑帝，秦雍四畤就变成了汉雍五畤，五色帝就成了国家祭祀的最高神灵。后来，"文帝郊祭五帝、两次新立五帝坛庙议巡狩封禅事、改元，通过这些祭祀上的改革，汉文帝为汉武帝宗教上的统一，奠定了基础。"[1]汉武帝统一宗教后，留下了许多祭祀黄帝的记载，秦汉时期黄帝有关故祠多达数十所。

两汉以后，一方面文献典籍对黄帝及群臣的贡献描述细节更为丰富，人帝影响不断强化；另一方面道教中神仙体系不断升级，梁朝陶弘景所撰《真灵位业图》构建了道教神仙谱系，将黄帝位列仙班。黄帝固着在寻师问道从而修道成仙的形象上，反而导致黄帝在仙班中的地位下降，但影响力却久盛不衰。从汉代到元代文人吟诵黄帝的诗词来看，其描述也主要集中在黄帝的升仙形象上。如曹植所著《黄帝三鼎赞》写道："鼎质文精，古之神器。黄帝是铸，以象太乙。能轻能重，知凶识吉。世衰则隐，世和则出。"又如唐代诗人李白写的《鼎原》："黄帝铸鼎荆山涯，不练黄金炼丹砂。骑龙飞去大清家，云愁海思令人嗟。"再如《广黄帝本行纪》，是继《史记·五帝本纪》后比较全面、详细地记载黄帝生平的著作，该书大量描述了黄帝如何寻真访隐、问道求仙的故事。1978年发现的记载黄帝事迹最早的碑铭——唐代《轩辕黄帝铸鼎碑》的内容中，也记载了黄帝铸鼎升仙的故事。在唐代，还设置了制度上的黄帝陵、庙祭祀。从总体来看，黄帝

---

① 苏晓威：《中国早期文献及考古材料中黄帝形象的研究》，《文史哲》2016年第2期。

的影响力在秦汉以后并未被削弱，官方对黄帝的祭祀愈加重视，帝王祭拜逐渐占了上风。

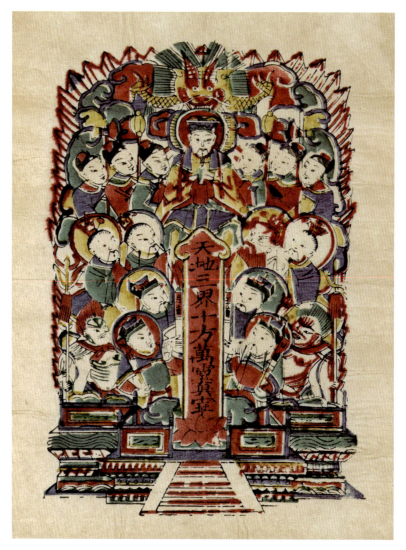

天地三界牌位

图 1-2-7　清代民间版画，高 30 厘米，宽 22 厘米，国家图书馆藏 ①

---

① 刘莹、王海霞编：《中国古版年画珍本（北京卷）》，湖北美术出版社 2015 年版，第 61 页。

明清以后，黄帝的人帝形象更为突出，这与道教的势力逐渐式微也有一定关系。清军入关以后，为了巩固统治，愈加重视对黄帝的祭拜，同时也增加了先帝祭拜的人数。这时候的黄帝祭祀，主要有历代帝王庙祭祀、传心殿祭祀、先医庙祭、陵庙祭祀等。祭祀时还增加了伴臣，祭典形式愈加丰富。"总的来说，明清时期的黄帝崇拜，一个重要的特征是黄帝神性的彻底剥离，而真正体现了人文黄帝的色彩。"①

---

① 李桂民：《黄帝史实与崇拜研究》，中国社会出版社 2014 年版，第 179 页。

第二章　黄帝创世神话图像谱系概说

对于谱系理论如何应用到民俗学科，十多年来很多学者做过探索。2008 年林继富在《民俗谱系解释学论纲》一文中提出，"民俗谱系解释学理论内涵具体包括亲缘谱系、姻缘谱系、地缘关系、族缘关系、乡邻关系和语言谱系等涵盖民俗生产的土壤和流传的范围。"[①] 田兆元在《论端午节俗与民俗舟船的谱系》一文中指出民俗学的谱系"从结构上看，是整体性与多元性的视角；从功能上看，是互动性与认同性的视角"[②]。后来，田教授又进一步将民俗谱系学说细化，将民俗谱系的分类概括为族群谱系、时间谱系、空间谱系和形式谱系。他在《神话的三种叙事形态与神话资源转化》中还指出，在叙事上，除了语言文字的叙事形式外，还有仪式行为叙事、图像景观叙事等路径，共同形成了对神话结构的立体考察。后来，雷伟平用谱系理论中的群族谱系和空间谱系梳理了立春习俗中"春牛"的关联性[③]；孙正国利用该学说重新读解了中国龙母传说的内在"双重谱系"[④]，卫才华利用谱系特征与审美价值来研究山陕豫民间文艺实践[⑤] 等。这种将民俗现象的互动联系和叙事表达勾连在一起的方法，为民俗现象的文化整体性认识提供了新的视角和解释框架。

---

① 林继富：《民俗谱系解释学论纲》，《湖北民族学院学报（哲学社会科学版）》2008 年第 2 期。

② 田兆元：《论端午节俗与民俗舟船的谱系》，《社会科学家》2016 年第 4 期。

③ 雷伟平：《立春习俗中"春牛"的民俗谱系》，《广西民族大学学报（哲学社会科学版）》2018 年第 6 期。

④ 孙正国：《多民族叙事语境下中国龙母传说的"双重谱系"》，《民族文学研究》2019 年第 2 期。

⑤ 卫才华：《山陕豫民间文艺实践的谱系特征与审美价值》，《山西大学学报（哲学社会科学版）》2021 年，第 2 期。

民俗谱系中的形式谱系是"民俗的结构形式，包括民俗的核心形式、延展形式。也包括其语言形式、行为形式和景观形式，当下还包括媒体形式等"①。图像是黄帝创世神话中形式谱系的一种。根据彼得·伯克对图像（images）的界定，图像不仅包括绘画作品等平面图像，还包括雕塑、浮雕等立体图像和媒体影视等可视画面，甚至还包含地图和建筑在内②。图像先于文字产生，很早就被作为历史研究的重要资料，宋代郑樵在《图谱略》中说道："图谱之学，学术之大者。"③20世纪初，图像学在西方作为现代学科诞生，推进了艺术史领域的研究和发展。1939年，出生于德国的艺术史学家潘诺夫斯基在《图像学研究》一书中认为，图像与文化密不可分。后来，在历史学界，图像被视作文字的补充，用"图像证史"；针对"图像能否与历史相互印证"这一议题，英国艺术史家弗朗西斯·哈斯克尔1993年所著《历史及图像——艺术对往昔的阐释》和英国历史学家彼得·伯克在2001年所著《图像证史》对国内学界产生较大影响。此后在历史、美术、文学、民俗学界等对此有诸多讨论。部分学者认为图像虽然具有模糊性，但补足历史是其主要功能。但也有学者反对此观点，认为图像具有作为资料的主体性，应重视图像的脉络，反对仅仅将图像作为文字的"佐证"。随着近年来以图像为主的研究课题不断获批立项，图像作为一个独立的研究对象已经得到广泛肯定。

21世纪初开始，关于神话学中图像意义和研究方法的讨论逐渐热烈起来。从艺术学角度（张建军、霍巍，2005年；黄厚明，2006年等）到神话学角度（王倩，2008年；林科吉，2009年等）对神话图像的探讨层出不穷，但大都是将图像视作考证神话的部分。2007年，叶舒宪在《神话意象》一书中阐述了图像在神话研究中的重大意义，随后又在2017年发表的《神话历史与神话图像》一文中，强调图像拥有在文字之外的符号系统④；2010年，岳峰、王怀义认为"图像传承是中国史前神话主要传承方式之一……在社会精神生活中占据着十分重要

---

① 田兆元：《民俗研究的谱系观念与研究——以东海海岛信仰为例》，《华东师范大学学报（哲学社会科学版）》2017年第3期。

② 彼得·伯克著，杨豫译：《图像证史》，北京大学出版社2018年版。

③ 郑樵：《图谱略第一·索象》，浙江古籍出版社1988年版。

④ 叶舒宪：《神话历史与神话图像》，《民族艺术》2017年第1期。

的位置"①；2011 年，王倩从存在论角度认为，图像神话是神话的四种外在表现形式之一；2013 年，南京大学教授王青提出了在神话研究中，图像"绝不仅仅是旁证，它本身就是神话的一部分，或者是神话时代最直接的史料。图像乃是可以和文献并行甚至高于文献的一个神话系统，在这个系统内，运用着不同于文字的视觉语汇和形象思维方式，有着自己的主题研究内容、表现手段、象征方法和叙事原则"②的观点，在 2019 年出版的《中国神话的图像学研究》中，王青运用大量图像资料，分析了几个典型的神话类型，强调图像是独立的神话主体；台湾学者刘惠萍在《图像与神话：日月神话研究》一书中谈到"与典籍文献的记载相比，这些图像具有做成之后不易改动的特点，亦较能保持其原貌"③……从这些研究中可知，神话图像作为一个独立的研究对象被逐步确立。可以说，当足够多的神话图像构成一个图像群，存在时间、空间、文化上的逻辑性、关联性、互动性，形成完整的叙事表达时，应将其当作独立的研究整体来看待，这时的神话图像也具有民俗学上的谱系意义了。黄帝创世神话图像谱系从内容上看，可以分为人物关系、时间、空间和形式上的联系。对图像的解读，离不开文献资料、文化要素和社会因素等。

第一节　黄帝创世神话图像的人物关系谱系

胡适曾评价黄帝是位"箭垛式"人物，后世将他亲属或者臣子的许多重要发明都归到黄帝身上，从而构成了黄帝的各种造物神话和神圣地位。黄帝创世神话的诞生离不开庞大的人物谱系系统。首先，黄帝的妃子和儿子们也参与到了发明创造中，为黄帝的辉煌时代贡献了力量；其次，黄帝的群臣在历史事件中出谋划策，襄助黄帝取得成功，关于黄帝臣子的发明创造也不在少数；最后，黄帝作为被崇拜的对象之一，也被纳入了帝王谱系之中，成为黄帝创世神话的一个特点。

---

① 岳峰、王怀义：《论中国史前神话的图像传承》，《内蒙古社会科学》2010 年第 6 期。

② 王青：《从"图像证史"到"图像即史"——谈中国神话的图像学研究》，《江海学刊》2013 年第 1 期。

③ 刘惠萍：《图像与神话：日月神话研究》，陕西师范大学出版总社 2019 年版，第 6 页。

一、亲缘谱系

一般认为，西陵氏嫘祖为黄帝正妃，《山海经·海内经》云："流沙之东，黑水之西，有朝云之国、司彘之国。黄帝妻雷祖。"《大戴礼记·帝系》写道："黄帝居轩辕之丘，娶于西陵氏之子，谓之嫘祖氏。"《史记》曰："黄帝二十五子，得其姓者十四人。黄帝居轩辕之丘，而娶于西陵之女，是为嫘祖。嫘祖为黄帝正妃。"嫘祖发明了养蚕技术，与黄帝一起教人们抽丝制衣，被奉为"先蚕""蚕神"。在民间，往往将嫘祖与黄帝陪祀，可见画像、雕像也最多。如新郑黄帝故里、河南具茨山黄帝文化旅游区、河南新密黄帝宫景区还单独建有祠堂供奉"先蚕嫘祖"；浙江缙云仙都景区黄帝祠、河南新密马脊岭三皇庙、广东潮阳东山黄帝庙、湖北宜昌嫘祖庙将嫘祖与黄帝塑像一同祭祀；也有将嫘祖和伴臣混在一起祭祀的，如河南三门峡灵宝市铸鼎原景区。

图 2-1-1　河南新郑黄帝故里景区嫘祖殿嫘祖像，又被祀为"先蚕"。（田兆元　摄）

图 2-1-2　浙江缙云仙都景区　黄帝嫘祖雕塑（唐睿　摄）

图 2-1-3　河南三门峡灵宝市铸鼎原景区，正殿黄帝及群臣、后妃像，左起嫘祖、后土、左彻、黄帝、仓颉、大封、祝融。黄帝前置一鼎，名曰"轩辕黄帝铸鼎原"。（张毅　摄）

在历史记载中，黄帝大约有四位妻子，除了正室嫘祖外，还有三个次妃分别是方雷氏、彤鱼氏和嫫母。但在民间图像中，少见方雷氏和彤鱼氏形象出现。嫫母形貌丑陋，《列女传》曰："黄帝妃曰嫫母，于四妃之班居下，貌甚丑而最贤。"《易林》说："东家中女，嫫母最丑，三十无室。"但因德行高尚，"黄帝爱幸之。"她与元妃共同辅助夫君而大受赞扬。在河南新密黄帝宫景区嫘祖殿后，还专门设了一座庙宇供奉嫫母。但与典籍记载相反，该嫫母像并非全然丑陋，她身材苗条，目光如炯，对她美好德行的敬仰已与外貌融为一体。

图 2-1-4　河南新密黄帝宫景区　嫫母殿供奉嫫母像（张毅　摄）

关于黄帝的儿子，《史记》记载至少有 25 位。据说其中 14 人被分封得姓，分别为：姬、酉、祁、己、滕、葴、任、荀、僖、姞、儇、衣。《世本》云："黄帝娶于西陵氏之子，谓之累祖，产青阳及昌意。"后来的颛顼就是昌意的儿子高阳。像《大戴礼记·帝系》《左传》《史记》等文献对黄帝家族谱系的记载各有不同，除了颛顼之外，据说帝喾、后稷也是黄帝的后代。民间对颛顼、帝喾等列入帝王谱系的形象有大量记载，对于黄帝其他子孙的记录多在追寻家谱踪迹时出现。民间家谱也大多以黄帝子孙自居，在首页增加有黄帝的图像以为始祖，已出版的如《中华高姓大通谱》《湖南谢氏通谱》等。

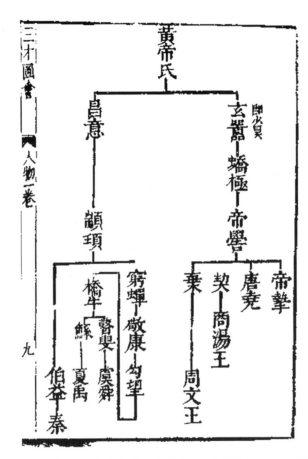

图 2-1-5　明代王圻、王思义编集《三才图会·人物卷》所绘制黄帝子孙谱系图

二、君臣谱系

相传黄帝的主要臣子有"三公""六相""七辅""四面""五证"等说法，君臣谱系极为庞大，《管子·五行》曰："黄帝得六相而天地治、神明至。蚩尤明乎天道，故使为当时，大常察乎地利，故使为廪者；奢龙辨乎东方，故使为土师；祝融辨乎南方，故使为司徒；大封辨于西方，故使为司马；后土辨乎北方，故使为

李"，此乃"六相"之说。在涿鹿之战中，风后协助黄帝取得胜利，说明风后应为武将。从造物传说上也有相当多的记载，如《世本·作篇》载"奚仲始作车"。《黄帝内传》认为"玄女为帝制司南车当其前，记里鼓车当其后"。《物原》称"伏羲作裘，轩辕臣胡曹作衣，伯余为裳，因染彩以表贵贱，舜始制衮及黼深衣，禹作襦裤"。《古今注》载"短萧铙歌……黄帝使岐伯所作也"。《通纂》载"黄帝使伶伦造磬"。《世本》载"黄帝使素女鼓瑟"。《吕氏春秋·审分览·君守篇》载："奚仲作车，苍颉作书，后稷作稼，皋陶作刑，昆吾作陶，夏鲧作城。此六人者，所作当矣。"《史记·历书》索隐引《世本》云："黄帝使羲和占日，常仪占月，臾区占星气，伶伦造律吕，大桡作甲子，隶首作算数。"《抱朴子·道意》记载："隶首，不能计其多少；离朱，不能察其髣髴"……光是典籍记载臣子人数，就不少于 30 人。在图像系统中，对臣子的记录也不尽相同，如《开辟衍绎》中记录了黄帝与"六相"的内容，《三才图会》中记录黄帝臣子共 18 名，当代各地庙宇中黄帝陪祀臣子有力牧、风后、后土、左彻、仓颉、大封、祝融、柏鉴等，大概由于位置所限，往往陪祀两名臣子，最多也不超过六位。

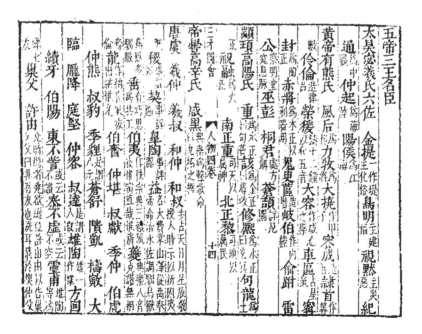

图 2-1-6　明代王圻、王思义编集《三才图会·人物卷》所绘黄帝臣子谱系

图 2-1-7　明崇祯八年（1635 年），周游著《开辟衍绎》插图 "黄帝六相治天下"。

图 2-1-8　广东潮阳东山黄帝庙，殿内供奉黄帝、嫘祖神像，仓颉、柏鉴伴其左右。
（陈生馨　摄）

三、帝王谱系

我们现在说的"三皇五帝"一词构成了创世神话中的帝王系统，战国、秦、西汉形成"五帝"叙事，东汉加入了"三皇"叙事。古籍记载的"三皇五帝"各有不一，据统计，三皇和五帝的人物系统各有六种[①]。《大戴礼记·五帝德》《史记》中记录的"五帝"有黄帝、颛顼、帝喾、帝尧、帝舜；《易·系辞》中记录的是伏羲、神农、黄帝、尧和舜；还有的认为是黄帝、少昊、颛顼、喾、尧等。而"三皇"最初是指上帝转为人皇后，有指燧人、伏羲、神农的，如《尚书大

---

①　张中奎：《"三皇"和"五帝"：华夏谱系之由来》，《广西民族大学学报（哲学社会科学版）》2008 年 9 月。

传》所载；也有指伏羲、女娲、神农的，如《春秋纬》所述；所指伏羲、神农、黄帝的说法见于《尚书》中，虽出现较晚，但是影响力较大。

黄帝画像最早出现在汉代画像石画中，略晚于文献记载。其中较为出名的"武梁祠西壁画像"，将黄帝位于"五帝"之列。该画像第一层为西王母，第二层右起为伏羲·女娲、祝融、神农应为"三皇"，后黄帝、颛顼、帝喾、尧、舜应为"五帝"系统，再加上禹和桀，构成十位帝皇图像。但从其他民间图像资料中记录有帝王谱系形象的版画、纸马、庙宇等来看，将"伏羲、神农（炎帝）、黄帝"尊为"三皇"的居多。这反映了民间信仰系统中对功绩显著者的认可和崇拜，这种崇拜蕴含着朴素的世界观：对这些为人类造福者的纪念和尊重。

图 2-1-9　武梁祠西壁画像

图 2-1-10　《三皇天尊》，清代纸马，墨版手绘，纵 29.5 厘米，横 24 厘米，王树村藏 ①。

---

①　王海霞主编，刘莹本卷主编：《中国古板年画珍本·北京卷》，湖北美术出版社 2015 年版，第 65 页。

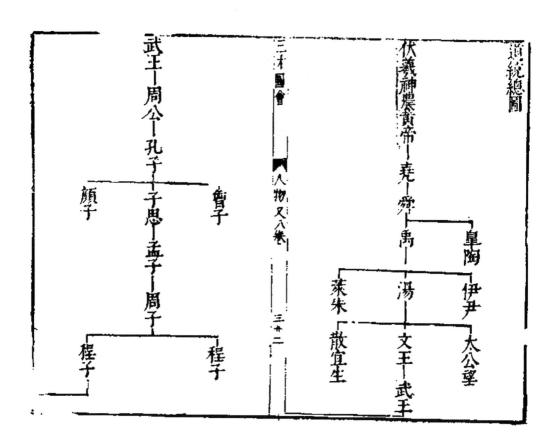

图 2-1-11　明代王圻、王思义编集《三才图会·人物卷》中的帝王谱系

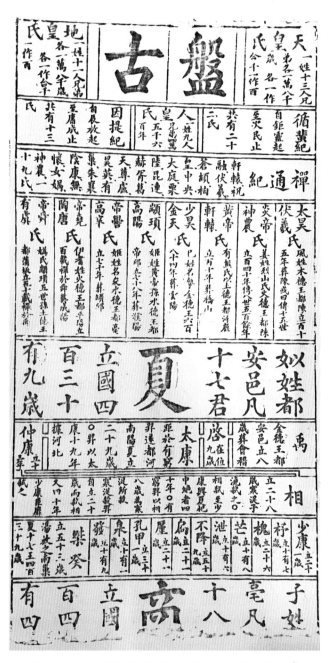

图 2-1-12 清代线版《历代帝王图》局部徐化源藏 [1]

---

[1] 冯翼才主编：《中国木版年画集成·杨家埠卷》，中华书局 2011 年版，第 237 页。

图 2-1-13　北京市平谷区山东庄村西庙山三皇殿　左起：炎帝、黄帝、伏羲（蒋凡　摄）

第二节　黄帝创世神话图像的时间谱系

"时间谱系是考察民俗的发生、发展和演变的历史过程的结构形式。"[①] 在前述中，我们了解到黄帝的神话传说和崇拜自先秦时期开始有增无减，在文献典籍中的形象始终处于正统地位，故事情节描述等也愈加丰满。虽然图像先于文字产生，但在黄帝创世神话图像系统中，汉代时才出现黄帝画像。黄帝创世神话图像的流布大体上遵循了绘画发展的历史脉络：先秦时期罕见黄帝相关的历史画像；到两汉时期记录历史题材的画像石、画像砖繁多，记录了众多历史故事，其中包含黄帝在内，一些墓室画像还仿照黄帝神仙图，表达了墓主对他界美好的向往和升仙的愿景；隋唐时期历史画虽然进入成熟期，但取材多立足于当下社会，因此

---

① 田兆元：《民俗研究的谱系观念与研究——以东海海岛信仰为例》，《华东师范大学学报（哲学社会科学版）》2017 年第 3 期。

跟黄帝相关的历史画像并不多见；宋代绘画达到顶峰时期，这一时期开始黄帝的个人绘画逐渐增多；元代进入一个短暂的低谷期，黄帝祭祀、传说虽未中断，但仅留存一些黄帝相关碑文传世；明、清时期掀起小说插画的风潮，宫廷画风也极其盛行，这时可见大量黄帝相关故事插画作品和一些宫廷画风肖像；清晚期和民国时期面临国难，文化界一起加入团结民族抵御外敌的队伍，这时的黄帝形象也跟民族命运紧紧联系在一起，"炎黄子孙"一词成为强化中华民族凝聚力的符号；新中国成立后尤其是改革开放后的近二三十年，除了绘画外，雕塑、壁画、媒体等黄帝图像表现形式达到历史最高峰。

一、汉代黄帝创世神话图像

在考古学上，除了我们熟知的汉代武梁祠西壁画像外，还有上海博物馆藏战国中期竹简《武王践祚》中提到黄帝治国的内容，江宁县出土的东汉时期刻有"黄帝神印"字样的木印等。在东汉的墓穴中，也常见刻有含"黄帝使者""黄帝"字样的墓文。

图 2-2-1 "黄帝神印"印 ①

这时期的黄帝及相关传说的画像多集中在汉代石刻上，武梁祠西壁汉画像中黄帝的帝王形象已经确立，成为后朝历代黄帝像的重要参考图像。与汉画像中存

---

① 邵磊、周维林：《江苏江宁出土三枚古印》，《文物》2001 年第 7 期。

在大量的伏羲、女娲、西王母像不同，已经过专家确认的黄帝画像不多，这与黄帝像的识别度有一定关系，没有明确的文字说明，考证出来的黄帝像较少。典籍所载，汉代是黄帝进入道家神仙系统的重要时期，黄帝"五帝"地位已经形成，与丰富的历史叙事相比，黄帝画像还有待进一步确认挖掘。

图 2-2-2　河南南阳麒麟岗汉画像石《黄帝暨日月神图》拓本

二、唐、宋、元、明、清时期黄帝人物像

古代黄帝人物像主要体现在宋、明、清时期作为帝王形象的描绘上。唐代黄帝崇拜虽然没有中断，但是存世黄帝画像少见，这也许跟唐传奇和佛教的盛行有关。唐代固定了三皇的具体祭祀对象为伏羲、神农、黄帝三者，主要依据孔安国《尚书序》与孔颖达的《尚书疏》内容而定，还举行了祭拜仪式①。在民间以三皇崇拜形式留存的历代所建"三皇庙"仍有多处留存至今，河南灵宝也发现唐代《轩辕黄帝铸鼎碑》一块，说明唐代虽缺少人物画像，但是塑像或者铭文依然存在。元代黄帝画像也不多见，但有少量碑文和庙宇遗存。宋、明、清时期的黄帝画像多为著名画师所描绘，除了一两幅头戴通天冠的人物画像以外，其他的多为帝王冕冠，冕上有旒，前后十二根，始于周代天子。通天冠是秦汉时期帝王主要用冠，级位仅次于冕冠，是皇帝在郊祭、朝贺及宴会等重要场合佩戴的一种礼

① 水越知、石立善：《元代的祠庙祭祀与江南地域社会——三皇庙与赐额赐号》，《宋史研究论丛》2007 年 12 月。

冠，秦汉以后帝王也有佩戴此冠者。通天冠帽前以山形装饰点缀，隐含戴冠之人像山一般稳重、遇事镇定如山之含义。

图 2-2-3　宋代《历代帝王名臣像》之"黄帝像" ①

除了头冠外，画像中黄帝身着帝王朝服，佩戴方心曲领，面容祥和，目光透露威严，耳垂长而丰厚，鼻挺而饱满，胡髯虽略有长短不同，但整体上刻画了威仪的帝王形象。黄帝的形象在这几个朝代基本上没有太大出入，说明从汉代的汉画像开始，黄帝的帝王形象及其地位从未改变过。

---

① 郭磬编：《中国历代人物像传续编一》，齐鲁书社 2014 年版，第 417 页。

图 2-2-4　黄帝像　明人绘，作者不详。①

三、民国时期黄帝及创世神话图像

民国时期黄帝形象很特殊，它成为发扬民族精神、团结全民共御外敌的象征，与"炎黄子孙""中华民族"两词紧密地联系在一起。清末到民国时期的黄帝图像呈现多元化，总体来说，1903 年清末留日学生创造的"写实"风格黄帝像和"黄帝持刀像"较为多见，面向儿童所撰刊物多保留了帝王形象的图像。其

---

① 中国历史博物馆保管部编：《中国历代名人画像谱·1》，海峡文艺出版社 2003 年版，第 5 页。

中，留日学生创造的黄帝形象被中日报刊大量转引，影响较大。该黄帝像一改历代帝王的儒雅形象，转而变成写实风格的武士：目光如炬，眉形如剑，脸型瘦削，肌肉紧实，满脸胡子，头戴毡帽。黄帝的这种形象在日本兴起，主要是受到西方和日本"中国西方起源说"的影响。清朝末期，一方面统治阶级内部腐败不堪，另一方面甲午战争和八国联军侵华战争中国战败，激起知识分子的爱国思想和革命运动。同时，洋务运动、戊戌变法掀起向西方学习的热潮，部分在日学子率先接触到西方的科技、文化信息，接受了黄帝巴比伦渡来说。这时的黄帝形象因符合"战斗"形象的需要，也符合向西方学习的思潮，故而在国内迅速被《申报》等各大报刊推广开来。

图 2-2-5　留日江苏同乡会于日本东京发行的《江苏》月刊杂志，于 1903 年 6 月（第三期）登载了黄帝像，并配文"中国民族始祖黄帝之像"。

此外，这时期还有依据传统的帝王形象，将黄帝变成手握长矛、身披战甲的古代武将图，这些图像都带有浓郁的"战斗"气息。还有，此时的中国面临外敌入侵，内忧外患，国共两党于1937年清明节共同于陕西黄帝陵县黄帝陵举行祭祀大典，呼吁团结一心，共同抗敌。这一时期前后有关官方祭拜黄帝陵的报道在当时的报刊上也有不少。

图 2-2-6　1937 年国共两党代表共祭黄帝陵 ①

四、新中国成立后黄帝创世神话图像

新中国成立后，尤其是改革开放后，随着中华民族的复兴和旅游资源的争夺，国内多处重建、修复黄帝陵庙，形成旅游景区。黄帝陵祭祀形成中华民族的认同，进一步扩大到海峡两岸的交流。每逢清明节，中国人民纷纷来到黄帝陵，以崇敬的心情拜谒这位民族之祖。台湾同胞和海外侨胞来到大陆，差不多也都要到这里来寻根，表示后代对祖先的敬意。这时候的黄帝图像景观丰富而庞大，祭

---

① 黄帝陵基金会编：《黄帝文化志》，陕西人民出版社 2008 年版，第 636 页。

祀系统、道教系统和民间庙宇多不胜数。黄帝形象大体根据汉代画像石重新塑造，面容稍具现代感，但整体上恢复为帝王形象。黄帝图像在绘画、雕塑、壁画、新媒体等各领域均有大量存在。

图 2-2-7　甘肃清水县轩辕广场黄帝塑像（张毅　摄）

第三节　黄帝创世神话图像的空间谱系

空间谱系是指特定民俗发生的同一地理空间，是形成谱系的条件。"城市化、现代企业、现代机构，支离了原有的空间统一性，地理因素变得难以描述地理的民俗形态了。政治、经济、文化的较量，都会构成民俗的空间谱系形态。"[1] 在历代典籍记录中，黄帝活动空间较集中在中原地区，西到陕西、甘肃一带，东到山东附近。但从现有的黄帝陵、黄帝庙宇分布地点来看，其流传空间远不止于此。尤其是民间三皇庙的流传广度，北到黑龙江，南到福建，虽仍然集中在中部地区，但分布几乎覆盖各个省份，很多百姓将三皇庙中的黄帝当作医药先祖来看待并祭祀。清末沈阳著名文人缪东霖在他的《沈阳百咏》中有一首描写三皇庙庙会的诗，写道："艳说蟠桃会众仙，三皇庙里醵开筵。"由此可见民间三皇庙与市民生活联系之紧密。这也说明，比起典籍所示，黄帝图像的传播展现出更大的地理空间。

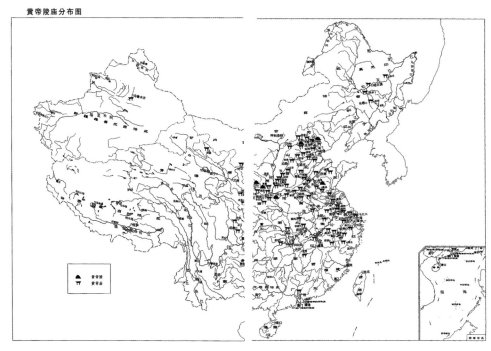

图 2-3-1　全国黄帝陵庙分布图 [2]

---

①　田兆元：《民俗研究的谱系观念与研究——以东海海岛信仰为例》，《华东师范大学学报（哲学社会科学版）》2017 年第 3 期。

②　黄帝陵基金会编：《黄帝文化志》，陕西人民出版社 2008 年版，第 702、703 页。

第四节　黄帝创世神话图像的形式谱系

"形式谱系，作为民俗的结构形式，包括民俗的核心形式、延展形式和变异形式；也包括其语言形式、行为形式和景观形式，还包括媒体形式。"[①] 黄帝图像的形式谱系，主要以画像类别（包含描述画像的文字）体现。在秦汉时期，主要以画像石、画像砖上的图像为主；唐代和元代有少量碑文和庙宇遗存；宋、明、清时期，以画像赞的帝王画像形式出现居多，清代小说插画也表现了很多黄帝神话故事的内容；民国时期主要以报刊、文学读物和钱币形象为主；新中国成立后，在各个领域均有绘画、雕塑、壁画、媒体等形式出现，造型丰富多样，但整体来说，黄帝延续了历代帝王形象，创世神话图像的叙事方式更多样化。

一、汉画像石/砖

图 2-4-1　高台县骆驼城南墓群出土魏晋时期《黄帝问道崆峒山的传说》画像砖，
甘肃高台县博物馆藏。（张毅　摄）

[①]　田兆元：《民俗研究的谱系观念与研究——以东海海岛信仰为例》，《华东师范大学学报（哲学社会科学版）》2017 年第 3 期。

二、绘画

图 2-4-2　明代弘治 11 年刊本（公元 1498 年）《历代古人像赞》之 "黄帝像"

三、小说插画

图 2-4-3　明万历三十四年（1606 年）　余象斗编《列国前编十二朝传》，"黄帝战蚩尤"插画。

四、雕像

图 2-4-4　陕西黄陵县黄帝陵人文初祖殿西侧宫室　轩辕黄帝铜像（张毅　摄）

五、壁画

图 2-4-5　陕西富平县中华郡文化旅游景区"黄帝诞生"壁画（张毅　摄）

六、其他创意图像

图 2-4-6　中华始祖堂剪纸艺术 《黄帝铸鼎》(张毅　摄)

第三章 各时期、各地黄帝创世神话图像

黄帝创世神话图像有其自身的人物关系、时间、空间和形式谱系，前文已经予以概述。该部分以黄帝图像的时间脉络、类型特点、地点分布等为线索，力图以整体视角展现黄帝图像群，构成一个文化图像景观。

第一节 黄帝创世神话考古图像

一、概述

考古学上对黄帝的文化遗迹发现颇多，观点集中认为黄帝神话是仰韶文化时代的反映。但从图像上说，较早明确黄帝形象的是汉代的武氏祠西壁汉画像中的黄帝像，此时的黄帝像已位列五帝，帝王形象已经成形，这个形象成为后世黄帝象塑造的重要参照来源。但是跟庞大的汉画像数量比起来，汉代所见黄帝像甚少，这大概与黄帝像无明显识别标志有关，还有待考古学家、文化学家等进一步考证。此外，汉代石画像也体现了黄帝问道、黄帝升仙等黄帝成仙神话内容，与黄帝神话相关传说人物如女魃等也较多。

二、各地考古图像

（一）汉代画像碑《黄帝像》

该画像位于武梁祠西壁画像五层画像中的第二层右起第五位，画面上黄帝身体前倾，微微向左，回头向后看，双脚朝前呈走路姿态。头戴帝王冕旒，应有

垂珠向下，但已经模糊不清。黄帝身着宽大帝王服，左手掌指向前方，右手屈于胸前，似乎在指导做什么事情。该画像左侧题有隶书十六字，内容为：黄帝多所作，造兵□、田□、衣裳，立宫宅。

图 3-1-1　武梁祠西壁汉画像《黄帝像》

（二）汉代石墓《黄帝暨日月神图》

该画像位于麒麟岗汉画像石墓前室天顶，是我国两汉画像石刻中少见的巨型画幅。该画像由 9 块画像石组合而成，高 1.37 米，宽 3.68 米，刻绘了 9 个画面形象，是墓葬画像中面积最大、刻绘形象最多的一块。汉代画师把古代神话传说形象生动地刻画在墓顶上，画像中部，上刻朱鸟，下刻玄武，东刻青龙，西刻白虎。中央戴山形冠踞坐者，即中央神黄帝。青龙右边刻日神羲和，怀抱圆物为日，日中刻三足乌。左边刻月神常羲，怀中抱圆物为月，月中刻蟾蜍。这是我国较早的、较为生动的、弥足珍贵的画像。

图 3-1-2　河南南阳麒麟岗汉画像石墓《黄帝暨日月神图》拓本 [1]

---

[1]　黄雅峰主编：《南阳麒麟岗汉画像石墓》，三秦出版社 2008 年版，第 163 页。

（三）东汉画像碑《黄帝升仙》

此块石碑于江苏徐州铜扇苗扇汉墓出土，高 105 厘米，宽 64 厘米，厚 10 厘米。传说中黄帝为有熊氏国君，被刻画成熊首人身，朝着天上飞去的姿态。左上方刻有太阳和三足乌，中间刻有飞马，名曰"飞黄"，又叫"乘黄"。《山海经》载："白民之国，有乘黄，其状如狐，其背有角，乘之寿二千岁。"《淮南子·览冥训》中云："青龙进驾，飞黄伏皂。"此处的飞马为龙翼马身，黄帝乘之升天而去。最下方是神象。

图 3-1-3　徐州汉画像石馆藏　东汉《黄帝升仙》石碑 ①

---

① 张道一：《徐州画像石》，译林出版社 2013 年版，第 228 页。

（四）汉代画像石《虎食女魃》

图 3-1-4　《虎食女魃》画像石

该画像石于河南唐河县针织厂出土，高 62 厘米，宽 135 厘米。画中刻一穷奇，一虎按住一鬼魅。鬼魅的形象为一瘦弱女子，应为古代神话中的旱鬼女魃。现藏于河南省南阳汉画馆。

（五）汉代画像石《蚩尤执兵器图》

图 3-1-5 《蚩尤执兵器图》画像石拓本 ①

此画为山东武氏祠东汉画像石，图中蚩尤（右二）似半人半熊状，头生弓矢，手持利剑，脚戴武器，旁人不能近。

---

① 胡广跃：《石头上的中国画：武氏祠汉画像石的故事诠释》，三秦出版社 2014 年版，第 197 页。

（六）汉代画像石《百戏图》

图 3-1-6　《百戏图》画像石

该画像石宽 100 厘米，高 60 厘米，厚 9 厘米。图中人物所执"蚩尤旗"打斗。在今河北、山东等一些地区，仍保留有"蚩尤戏"等体育活动。

（七）汉代画像砖《风伯》

图 3-1-7　汉代画像砖《风伯》

该画像砖于河南郑州发现，风伯是黄帝神话《黄帝大战蚩尤》中的人物。

（八）汉代画像砖《雷公、雨师、风婆》

图 3-1-8　汉代画像砖《雷公、雨师、风婆》

　　此画像砖于山东发现，画面记录了雷公敲击双鼓响雷、雨师在上降雨、风婆口吹狂风的画面，仿佛重现了黄帝大战蚩尤的场面。

（九）汉代画像砖《雨师、风婆、雷公》

图 3-1-9　汉代画像砖《雨师、风婆、雷公》，该画像砖长 68 厘米，宽 68 厘米，厚 8 厘米。

（十）魏晋时期画像砖《黄帝问道崆峒山的传说》

图3-1-10　魏晋时期画像砖《黄帝问道崆峒山的传说》（张毅　摄）

　　该画像砖于高台县骆驼城南墓群出土，现藏于甘肃高台县博物馆。内容所记黄帝为天子十九年，西行崆峒山，拜见广成子，以求修身治国的"至道"。据地方志记载，黄帝访广成，初到北崆峒，不遇，乃西行，经涉雪山，过甘泉，直至西崆峒。峰岭似鸡头，今为黑山，登山见合黎弱水，实黄帝胜迹所经处。今天城正义峡北有黑山，相传即为黄帝问道处。1996年骆驼城遗址南墓群出土魏晋彩绘壁画砖描述了黄帝问道广成子的传说。

（十一）清代象牙雕黄帝像

图 3-1-11　清代象牙雕黄帝像

该象牙雕黄帝像高 18.5 厘米，座宽 8 厘米，通身金黄，与其他黄帝形象不同，较为原始。该雕像黄帝身披树叶，左手呈拜谒状，右手拿锤。现为上海中医药大学医史博物馆藏。

第二节　古代黄帝人物像

一、概述

　　古代黄帝人物画像主要集中在宋、明、清三个时期的帝王绘画像、明清小说中讲述黄帝故事的插图和清代占主导的民间年画、版画、纸马等方面。隋唐时期发明的雕版印刷术，在宋代更加发达，推动了版画的发展。这一时期的黄帝像，总体上以帝王形象出现，变化不大，说明黄帝的帝王身份稳固。这一时期画像中的黄帝形象端正，佩戴黄帝冕旒，身着帝王朝服，面容安详，目光威仪，额宽而饱满，耳形丰厚。木板雕刻水平高超，线条流畅，细节丰富，图像传神，工艺精湛，传世黄帝之图像堪称精品。明清时期小说成熟，插画流行，是历代刻书的高峰时期。刻书形式多样，有官刻、私刻、坊刻等，书商的活跃推动了版画艺术的进步。这一时期黄帝神话故事的讲述更加丰满，配合内容描绘的图像内容丰富生动。民间流传的年画、版画、纸马等以明清两代图像为主，兼有少量民国时期的版画。这部分呈现的黄帝造型多样，虽不及清代以前的工艺精美，但色彩丰富，画面纯朴，表达了民间艺术的风格和对黄帝的崇拜。

二、古代黄帝人物画像

（一）《历代帝王名臣像》

图 3-2-1 《历代帝王名臣像》之《黄帝像》①

据说该画是宋人所绘，此处列举从史前传说人物、历代帝王、历代名臣及史学、文学和艺术等名家巨匠至赵宋朝，每页一人，右文左图，共有九十一人。该图黄帝头戴小冠，身着朝服，项带方心曲领，图像雕刻线条清晰，具有较高的艺术水平。

---

① 郭磬编：《中国历代人物像传续编一》，齐鲁书社 2014 年版，第 417 页。

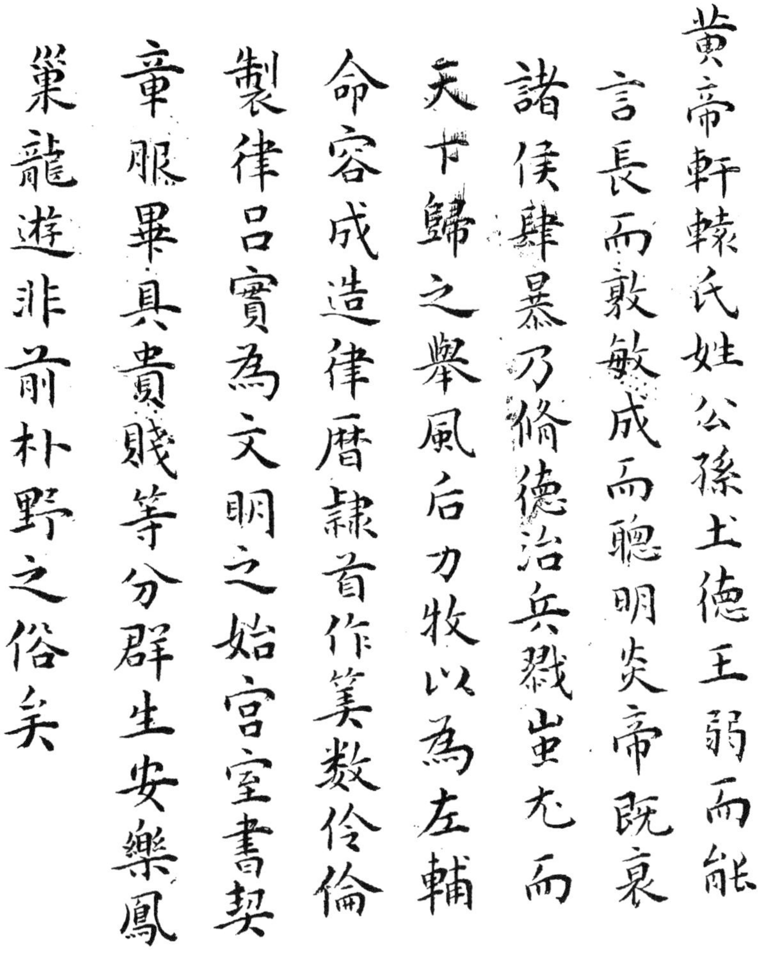

黄帝轩辕氏姓公孙土德王弱而能言长而敦敏成而聪明炎帝既衰诸侯肆暴乃脩德治兵戮蚩尤而天下归之举风后力牧以为左辅命容成造律历隶首作算数伶伦制律吕实为文明之始宫室书契章服毕具贵贱等分群生安乐凤巢龙游非前朴野之俗矣

图 3-2-2　《历代帝王名臣像》中《黄帝像》所附"黄帝事迹"①

　　画像右侧附文简述黄帝姓名字号及其事迹，说他战胜蚩尤，得贤臣辅佐，造物为文明之始，文治有功，百姓安居乐业。该评价言简意赅，品评公允，褒贬得当。

---

① 郭磬编：《中国历代人物像传续编一》，齐鲁书社 2014 年版，第 418 页。

（二）《历代古人像赞》

图 3-2-3　《历代古人像赞》之《黄帝像》①

明代弘治十一年刊本（1498 年）版画，书中收录自伏羲氏至黄庭坚共 88 幅人物画像，并附有图像与人物小传。书中没有著绘者姓名，由明朝宗室朱天然执笔撰写赞辞。所绘图像均为半身人物像，于右上角题人物姓名，左上角题赞辞，文字均为行楷。该图黄帝像拱手于胸前，头戴帝王冕旒，垂旒十二根，是最高级别的帝王象征。

----

① 郑振铎编：《历代古人像赞·上》，上海古典文学出版社 1958 年版，第 5 页。

（三）《新刻历代圣贤像赞》

图 3-2-4　《新刻历代圣贤像赞》之《黄帝像》①

　　明万历二十一年（1593 年）胡文焕文会堂刻格致丛书本《新刻历代圣贤像赞》，右图左文。该黄帝图像除了帽饰、服饰花纹不同之外，其他之处与上图大致相同。

---

① 郭磬编：《中国历代人物像传续编·1》，齐鲁书社 2014 年版，第 21 页。

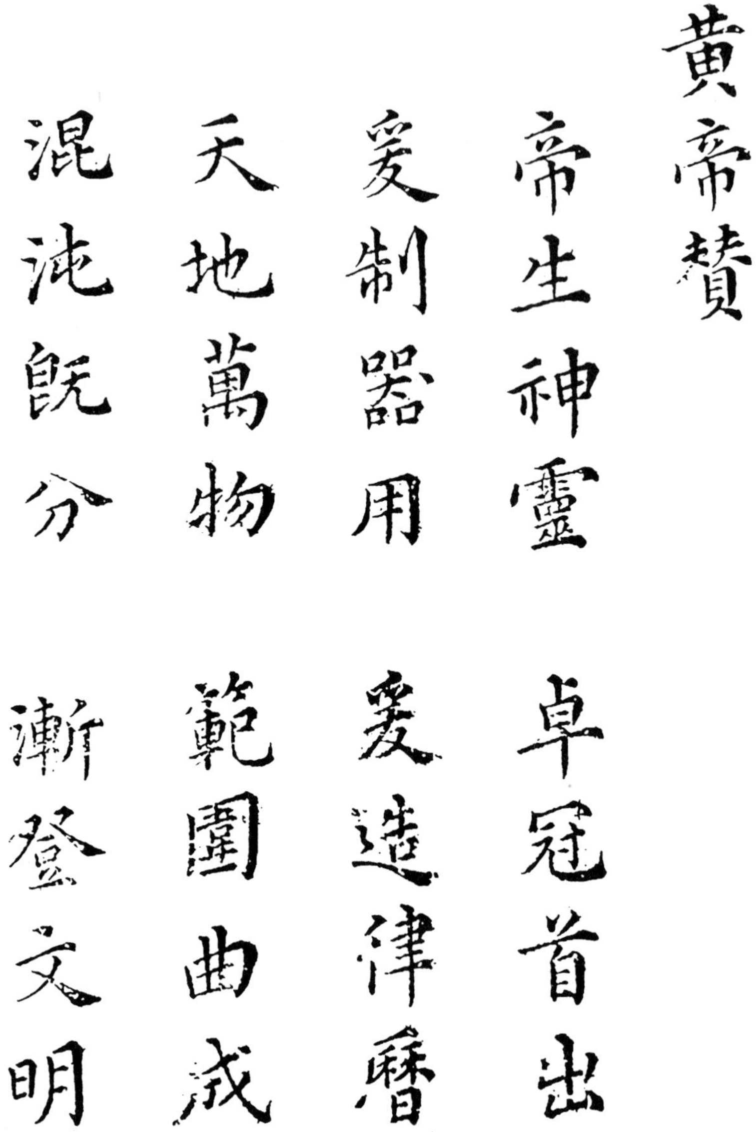

黄帝赞

帝生神灵　卓冠首出

爰制器用　爰造律历

天地万物　范围曲成

混沌既分　渐登文明

图 3-2-5　《新刻历代圣贤像赞》之《黄帝像》背面赞词 ①

---

① 郭磬编：《中国历代人物像传续编·1》，齐鲁书社 2014 年版，第 22 页。

（四）《三才图会》

图 3-2-6　《三才图会》之《黄帝像》①

《三才图会》是明代万历刊本（1609 年），由明朝人王圻及其儿子王思义撰写的百科式图录类书，1607 年完成编辑，1609 年出版。该图描绘的是人文始祖黄帝的白描半身肖像画，面容稍瘦，冕旒垂珠，方心曲领，平视于前。

---

① 王圻、王思义编集：《三才图会·上》，上海古籍出版社 1988 年版，第 527 页。

（五）《历代君臣图像》

图 3-2-7 《历代君臣图像》之《黄帝像》

该书是明代（1651 年），即日本庆安四年，高宗哲集的和刻本，分为上下两册。正面为黄帝像，线条简洁，装饰甚少；后面书写黄帝功绩，并标注日语假名以辅助阅读。

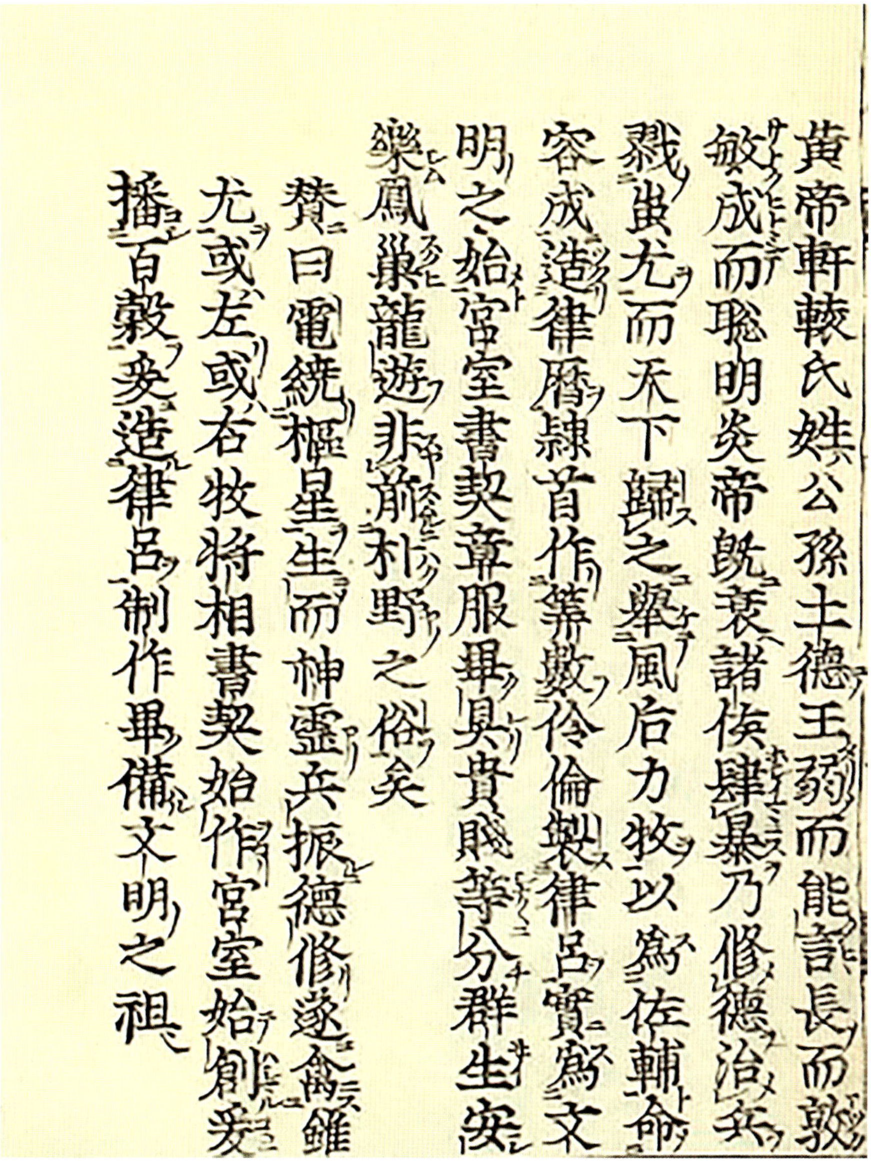

黄帝軒轅氏姓公孫土德王弱而能言長而敦
敏成而聰明炎帝既衰諸侯肆暴乃修德治兵
戮蚩尤而天下蹶之翠風后力牧以為佐輔命
容成造律曆隷首作筭數伶倫製律吕實為文
明之始宫室書契章服畢具貴賤爭分群生安
鳳巢龍遊非前朴野之俗矣
贊曰電繞枢星生而神靈兵振德修遂禽雉
尤或左或右牧特相書契始作宫室始創爰
播百穀爰造律吕制作畢備文明之祖

图 3-2-8　《历代君臣图像》之"黄帝功绩"

　　该文简短地概括了黄帝的一生，大意是：黄帝轩辕氏，姓公孙，从小善言聪慧，性格敦厚。炎帝衰弱时期，起兵平蚩尤之乱而统一天下。后得风后、力牧等贤臣辅佐，为构建良好的社会秩序有诸多发明创造，后被尊为"文明之祖"。

（六）《列国前编十二朝传》

图 3-2-9 《列国前编十二朝传》之《黄帝遗像》①

　　该图是明万历三十四年（1606 年），余象斗编《列国前编十二朝传》中的插图。该图与前面诸图一样，黄帝神态安详，慈眉善目，头戴帝冠，身着祥云袍服。

---

　　① 古本小说集成编委会编：《古本小说集成·第 3 辑 45·列国前编十二朝》，上海古籍出版社 2017年版，第 143 页。

（七）《古先君臣图鉴》

图 3-2-10　《古先君臣图鉴》之《黄帝像》

万历十二年（1584 年）刊本，据说传世版本为益藩阴刻绣像本。

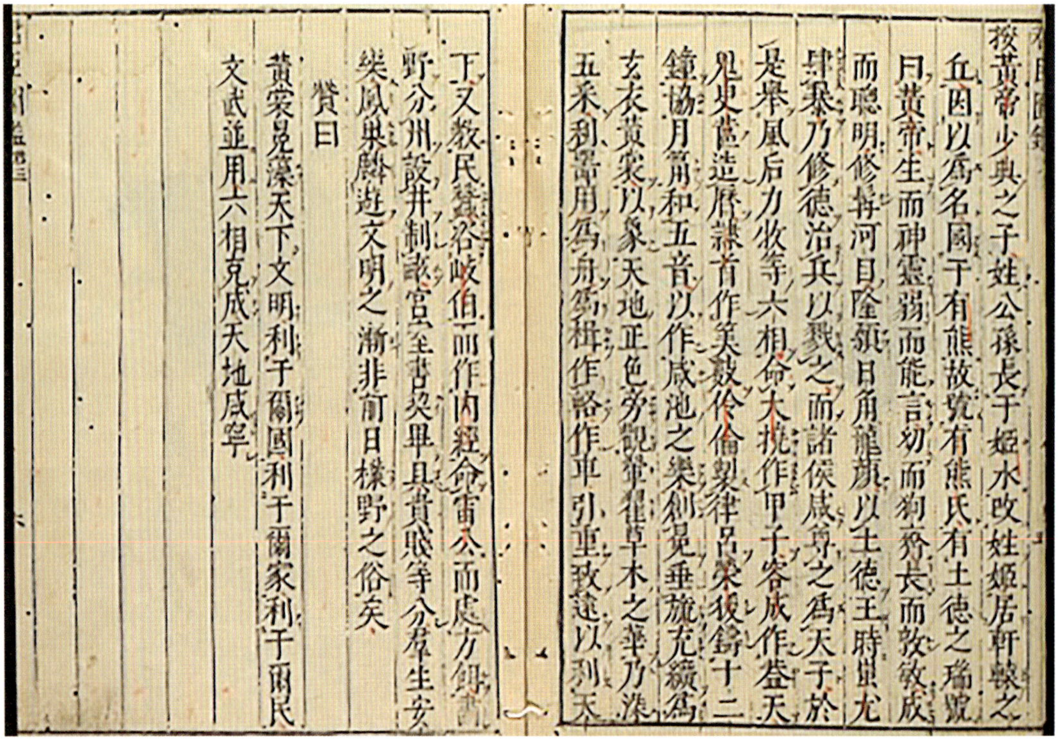

按黃帝少典之子姓公孫長于姬水改姓居軒轅之
丘因以為名國于有熊故號有熊氏有土德之瑞故
曰黃帝生而神靈弱而能言幼而徇齊長而敦敏成
而聰明修德将河目隆顙日角龍顏以土德王時蚩尤
卦暴乃修德治兵以戮之而諸侯咸尊之為天子於
是皇后乃命力牧等六相命大撓作甲子容成作盖天
見史蒼頡隸首作算數伶倫製律呂榮猨鑄十二
鐘協月筩和五音以作咸池之樂垂旋无縀為
玄衣黃裳以象天地正色務記軒轅華尊卑木之華乃溱
五杀利霤鵟用為舟亂輯作車引重致遠以列天

文武並用六相克成天地咸寧

黃裳晃藻天下文明利于爾國利于爾家利于爾民

贊曰

棨鳳果麟遊文明之漸非前日槗野之俗矣

野分州設井制諉宮全書癸畢具賁賑等分摹生安

工又教民蓑谷岐伯一而作内經命雷公而處方劑書

图 3-2-11 《古先君臣图鉴》之 "黄帝事迹"

（八）佚名《黄帝像》

图 3-2-12　《黄帝像》[①]

据传该像是明人所绘，作者不详。该图黄帝像沿袭了帝王形象，画风简洁，艺术感极强。

[①]　中国历史博物馆保管部编：《中国历代名人画像谱·1》，海峡文艺出版社 2003 年版，第 5 页。

（九）《历代帝王圣贤名臣大儒遗像》

图 3-2-13 《历代帝王圣贤名臣大儒遗像》之《黄帝像》

该黄帝彩绘图推测绘制于清代康熙以后，用色搭配得当。图配文讲述了黄帝生平事迹。现藏于法国国家图书馆。

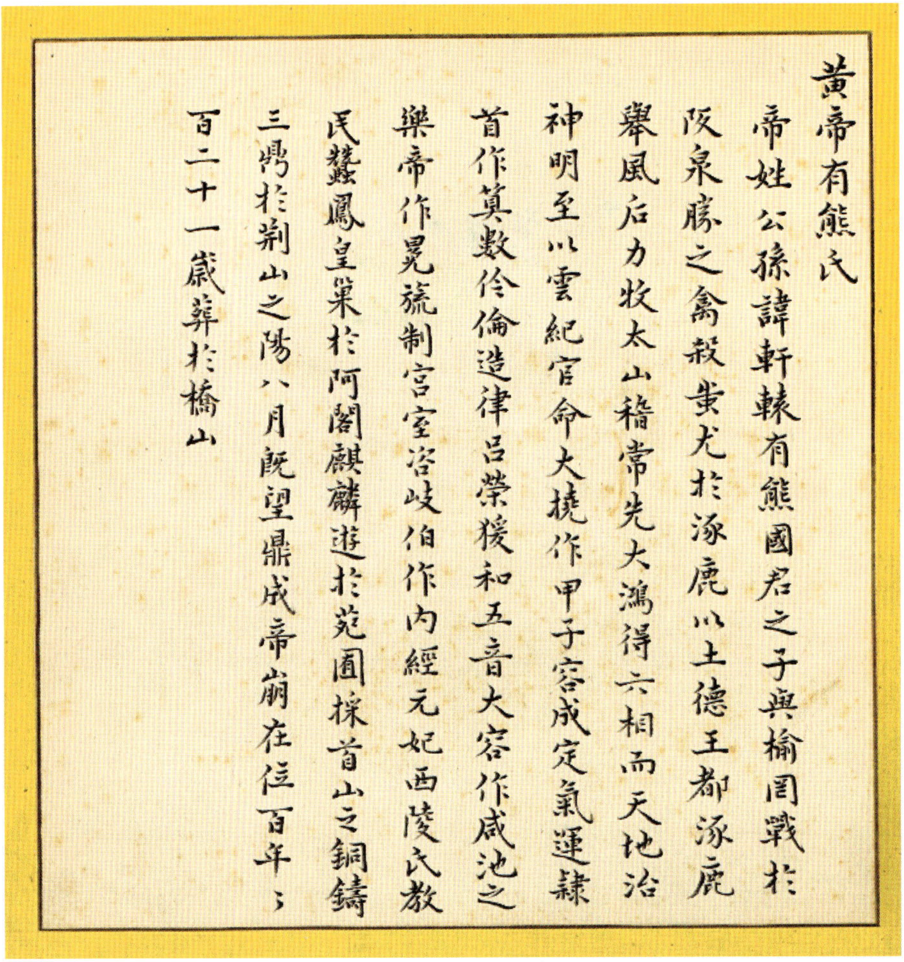

黄帝有熊氏

帝姓公孫諱軒轅有熊國君之子與榆罔戰於
阪泉勝之禽殺蚩尤於涿鹿以土德王都涿鹿
舉風后力牧太山稽常先大鴻得六相而天地治
神明至以雲紀官命大撓作甲子容成定氣運隸
首作算數伶倫造律呂榮猨和五音大容作咸池之
樂帝作晃疏制宮室容岐伯作內經元妃西陵氏教
民蠶鳳皇巢於阿閣麒麟遊於苑圃採首山之銅鑄
三鼎於荆山之陽八月既望鼎成帝崩在位百年、
百二十一歲葬於橋山

图 3-2-14 《历代帝王圣贤名臣大儒遗像》之"黄帝生平事迹"

（十）《帝王道统万年图》

图 3-2-15 《帝王道统万年图》之三《黄帝像》

该图为明代著名画家仇英所画，黄帝于正位而坐，似与群臣谈论治国之道，所谓"玄黄正位，衣裳效之。文明朴野，神化施为"。

（十一）《本草蒙筌》

图 3-2-16　《本草蒙筌》之《黄帝像》

　　《本草蒙筌》又名《撮要便览本草蒙筌》《撮要本草蒙筌》，是明代陈嘉谟所撰，刊于嘉靖四十四年（1565 年）。该书共 12 卷，在卷首列历代名医图 14 幅，有伏羲、炎帝和黄帝等。该书在总论中以 18 个专题讨论道地药材、最佳药用部位、药效等内容。正文收药 448 种，附录 388 种。另附 559 幅图，其中药材图 30 余幅。该画虽然上书"轩辕黄帝"四字，但黄帝形象已无圣性，更似谦谦医者。

（十二）玉轴堂梓行板画

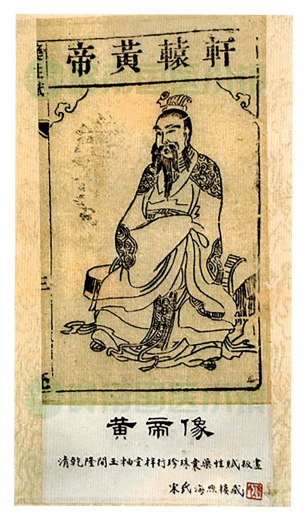

图 3-2-17 《轩辕黄帝画像》

此像为清代乾隆年间玉轴堂梓行珍珠囊药性赋板画，宽 11.5 厘米，长 24 厘米。传说黄帝与臣子岐伯等讨论医学，《黄帝内经》乃托名之作，后世以"岐黄"称谓中医。原为宋大仁海煦楼藏，现藏广东中医药博物馆。此黄帝像与上同，冕旒改为小冠，形象更为亲民。

三、古代黄帝创世神话中的插画像

明清是小说的成熟期，也是中国刻书的一个高峰期，民间书坊非常兴旺，尤其是江南地区，多文人墨客，书画市场需求旺盛，印刷业也跟着发展起来，雕版印刷的工坊鳞次栉比。为了追求最高的利润，套色印刷出现，推动了版画艺术的进步。明清两代的小说插画也为了迎合客户的需求，兼具导读和审美双重功能。这时期涉及黄帝故事和插图的古史题材小说主要有《列国前编十二朝传》《盘古至唐虞传》《有夏志传》《开辟衍绎》等，其中叙述的黄帝神话故事情节及其插图异常丰富。另外明代仙道人物传《列仙全传》里叙述了黄帝问道广成子的故事并配以插图，《廿一史通俗衍义》将"黄帝妃西陵氏教民蚕"的故事配以图画。此外，《万物绘本大全图》和《三才图会》中也有与黄帝相关图像的图绘。

（一）《列国前编十二朝》

明代末叶，历史演义小说中出现了五部以上古历史为题材的作品，分别为《列国前编十二朝传》《盘古至唐虞传》《有夏志传》《有商志传》和《开辟衍绎》，除了《有商志传》外，其余四部均涉及黄帝及与黄帝相关的神话题材的故事。《列国前编十二朝传》共有四卷五十四则，由三台馆梓行。每卷卷首题"刻按鉴通俗演义列国前编十二朝""三台山人仰止余象斗编集"。封面上端题记云："斯集为人民不识天开地辟三皇五帝夏商诸事迹，皆附相讹传。固不位搜采各书如前诸传式，按鉴演义。自天开地辟起，至商王宠妲己止，将天道星象、草木禽兽，并天下民用之物，婚配饮食药石等出处始制，今皆实考，所不至于附相讹传，以便观览云。"全书结尾又云："西伯自释囚归国，广修德政，天下诸侯多归之叛封，封愈淫乱不止，杀戮谏臣，至武王伐封而有天下，《列国传》上载得明白可观。四方君子买《列国》一览尽识。"该书涉及黄帝故事的部分不仅每页配图，还设有大页单图，从"七帝相继传位天下"写起，包含"黄帝大战蚩尤""黄帝求贤相""河图洛书""黄帝发明器物、宫室""元妃教民养蚕""岐伯制药""黄帝元妃骑龙升天"等故事，将黄帝的功绩和神仙神话结合在一起。

图 3-2-18　七帝相继传位承天下 [1]

① 古本小说集成编委会编：《古本小说集成·第 3 辑 45·列国前编十二朝》，上海古籍出版社 2017 年版，第 127 页。

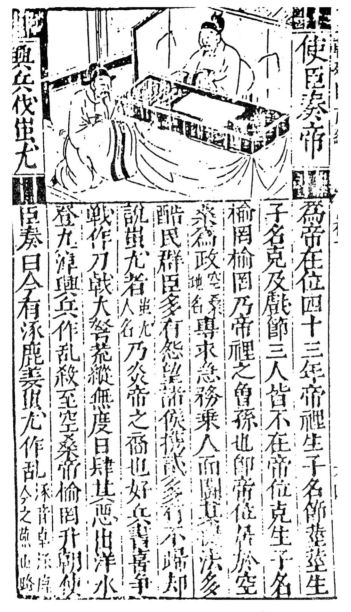

图 3-2-19　使臣奏帝，与兵伐蚩尤 [1]

① 古本小说集成编委会编：《古本小说集成·第 3 辑 45·列国前编十二朝》，上海古籍出版社 2017 年版，第 128 页。

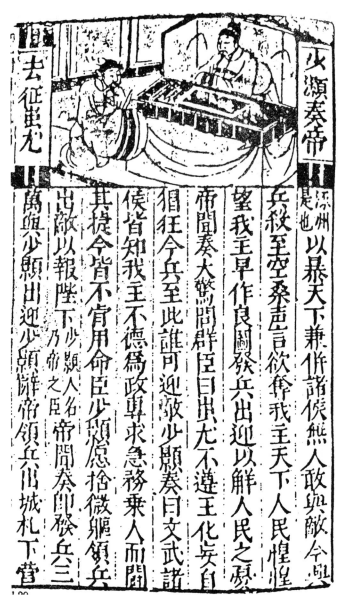

图 3-2-20　少昊奏帝，去征蚩尤 ①

---

① 古本小说集成编委会编：《古本小说集成·第 3 辑 45·列国前编十二朝》，上海古籍出版社 2017 年版，第 129 页。

082

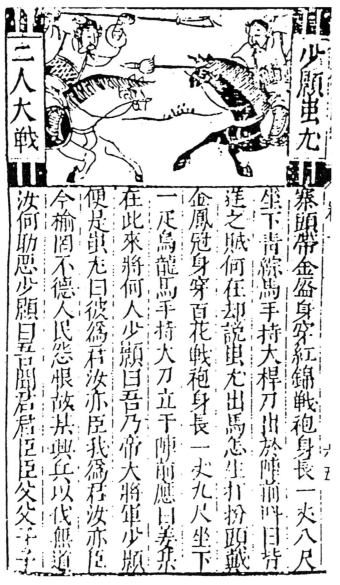

图 3-2-21　少昊蚩尤，二人大战 [1]

① 古本小说集成编委会编：《古本小说集成·第 3 辑 45·列国前编十二朝》，上海古籍出版社 2017 年版，第 130 页。

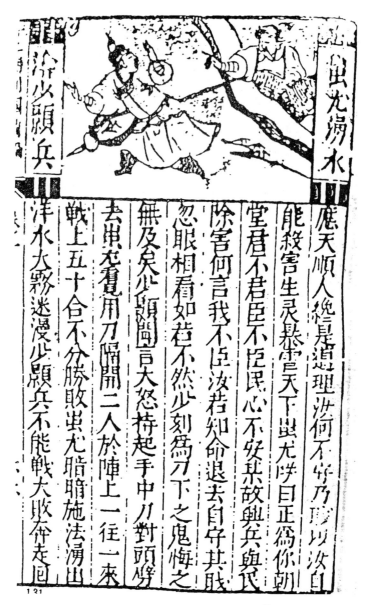

图 3-2-22　蚩尤涌水，漫少昊兵①

---

① 古本小说集成编委会编：《古本小说集成·第 3 辑 45·列国前编十二朝》，上海古籍出版社 2017 年版，第 131 页。

图 3-2-23　少昊保驾杀出城走涿鹿 [1]

---

① 古本小说集成编委会编：《古本小说集成·第 3 辑 45·列国前编十二朝》，上海古籍出版社 2017 年版，第 132 页。

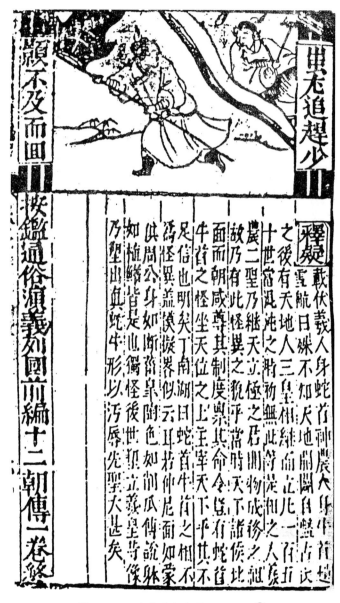

图 3-2-24　蚩尤追赶少昊不及而回 ①

① 古本小说集成编委会编：《古本小说集成·第 3 辑 45·列国前编十二朝》，上海古籍出版社 2017 年版，第 133 页。

图 3-2-25　大插图：黄帝出兵征蚩尤 1[1]

___

[1]　古本小说集成编委会编:《古本小说集成·第 3 辑 45·列国前编十二朝》,上海古籍出版社 2017 年版,第 134 页。

图 3-2-26　大插图：黄帝出兵征蚩尤 2①

---

　　① 古本小说集成编委会编：《古本小说集成·第 3 辑 45·列国前编十二朝》，上海古籍出版社 2017 年版，第 136 页。

图 3-2-27　大插图：蚩尤诈败而走 1[①]

①　古本小说集成编委会编：《古本小说集成·第 3 辑 45·列国前编十二朝》，上海古籍出版社 2017
年版，第 137 页。

图 3-2-28　大插图：蚩尤诈败而走 2①

---

①　古本小说集成编委会编：《古本小说集成·第 3 辑 45·列国前编十二朝》，上海古籍出版社 2017
年版，第 138 页。

图 3-2-29　大插图：众臣迎驾 ①

①　古本小说集成编委会编：《古本小说集成·第 3 辑 45·列国前编十二朝》，上海古籍出版社 2017 年版，第 139 页。

图 3-2-30　大插图：黄帝带□□焚香谢天地 1[①]

---

① 古本小说集成编委会编：《古本小说集成·第 3 辑 45·列国前编十二朝》，上海古籍出版社 2017 年版，第 140 页。

图 3-2-31　大插图：黄帝带□□焚香谢天地 2①

———————

①　古本小说集成编委会编：《古本小说集成·第 3 辑 45·列国前编十二朝》，上海古籍出版社 2017 年版，第 141 页。

图 3-2-32　大插图：黄帝教作宫室 [1]

---

　　[1]　古本小说集成编委会编：《古本小说集成·第 3 辑 45·列国前编十二朝》，上海古籍出版社 2017 年版，142 页。

图 3-2-33　大插图：黄帝遗像 [1]

_____

①　古本小说集成编委会编：《古本小说集成·第 3 辑 45·列国前编十二朝》，上海古籍出版社 2017 年版，第 143 页。

图 3-2-34　大插图：无题 1①

①　古本小说集成编委会编：《古本小说集成·第 3 辑 45·列国前编十二朝》，上海古籍出版社 2017 年版，第 144 页。

图 3-2-35　大插图：无题 2[①]

① 古本小说集成编委会编：《古本小说集成·第 3 辑 45·列国前编十二朝》，上海古籍出版社 2017年版，第 145 页。

图 3-2-36　大插图：元妃教臣□□ 1[①]

---

　　① 古本小说集成编委会编：《古本小说集成·第 3 辑 45·列国前编十二朝》，上海古籍出版社 2017
年版，第 146 页。

图 3-2-37　大插图：元妃教臣□□ 2[1]

① 古本小说集成编委会编：《古本小说集成·第 3 辑 45·列国前编十二朝》，上海古籍出版社 2017 年版，第 147 页。

图 3-2-38　大插图：元妃□□教民 1①

---

①　古本小说集成编委会编：《古本小说集成·第 3 辑 45·列国前编十二朝》，上海古籍出版社 2017 年版，第 148 页。

图 3-2-39　大插图：元妃□□教民 2[1]

---

①　古本小说集成编委会编：《古本小说集成·第 3 辑 45·列国前编十二朝》，上海古籍出版社 2017 年版，第 149 页。

图 3-2-40　大插图：黄帝教臣作宫室 1[①]

---

① 古本小说集成编委会编：《古本小说集成·第 3 辑 45·列国前编十二朝》，上海古籍出版社 2017 年版，第 150 页。

图 3-2-41　大插图：黄帝教臣作宫室 2[①]

①　古本小说集成编委会编：《古本小说集成·第 3 辑 45·列国前编十二朝》，上海古籍出版社 2017 年版，第 151 页。

图 3-2-42　大插图：百姓走避九黎 [①]

---

　① 古本小说集成编委会编：《古本小说集成·第 3 辑 45·列国前编十二朝》，上海古籍出版社 2017 年版，第 152 页。

图 3-2-43　大插图：众臣奏征九黎 ①

① 古本小说集成编委会编：《古本小说集成·第 3 辑 45·列国前编十二朝》，上海古籍出版社 2017 年版，第 153 页。

图 3-2-44 大插图：□□见□牧□ ①

① 古本小说集成编委会编：《古本小说集成·第 3 辑 45·列国前编十二朝》，上海古籍出版社 2017
年版，第 154 页。

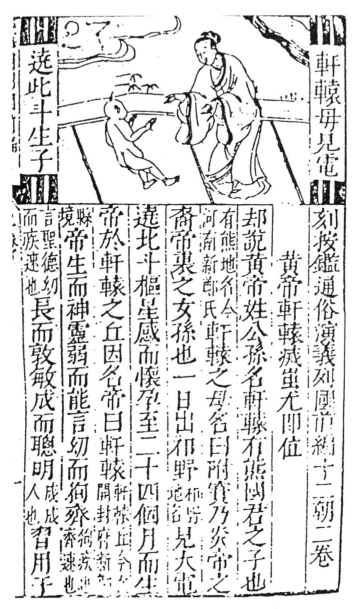

图 3-2-45 轩辕母见电，绕此斗生子 [①]

---

① 古本小说集成编委会编:《古本小说集成·第 3 辑 45·列国前编十二朝》,上海古籍出版社 2017 年版,第 155 页。

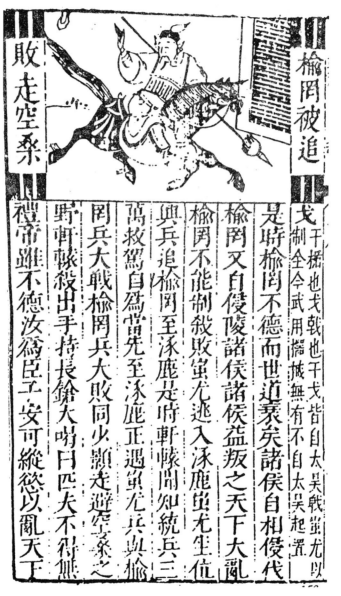

图 3-2-46　榆罔被追，败走空桑 ①

①　古本小说集成编委会编：《古本小说集成·第 3 辑 45·列国前编十二朝》，上海古籍出版社 2017 年版，第 156 页。

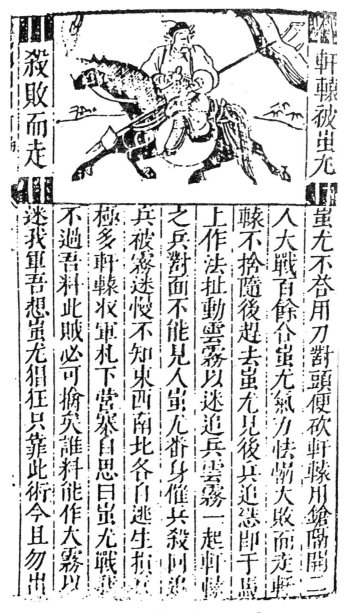

图 3-2-47　轩辕被蚩尤杀败而走 ①

---

① 古本小说集成编委会编：《古本小说集成·第3辑45·列国前编十二朝》，上海古籍出版社2017年版，第157页。

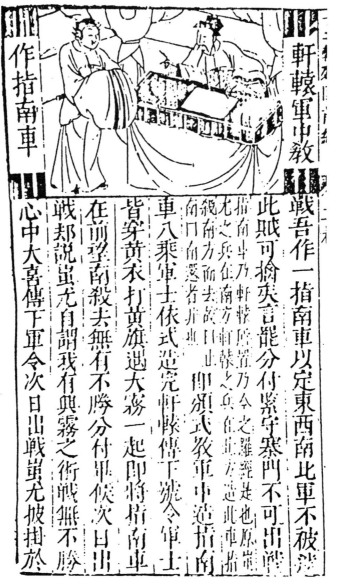

图 3-2-48　轩辕军中教作指南车 ①

---

① 古本小说集成编委会编：《古本小说集成·第 3 辑 45·列国前编十二朝》，上海古籍出版社 2017 年版，第 158 页。

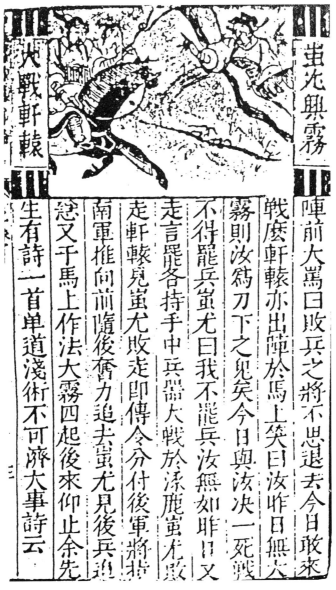

图 3-2-49　蚩尤兴雾，大战轩辕 [1]

① 古本小说集成编委会编：《古本小说集成·第 3 辑 45·列国前编十二朝》，上海古籍出版社 2017 年版，第 159 页。

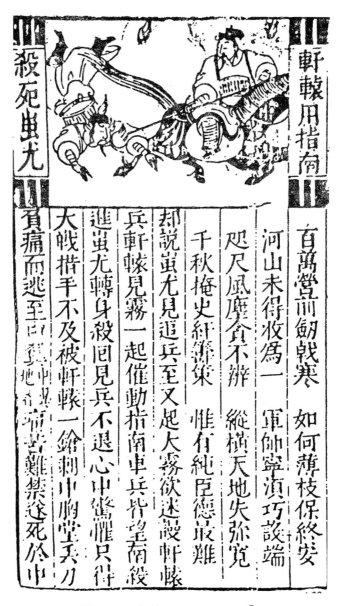

图 3-2-50　轩辕用指南杀死蚩尤 ①

---

① 古本小说集成编委会编：《古本小说集成·第 3 辑 45·列国前编十二朝》，上海古籍出版社 2017 年版，第 160 页。

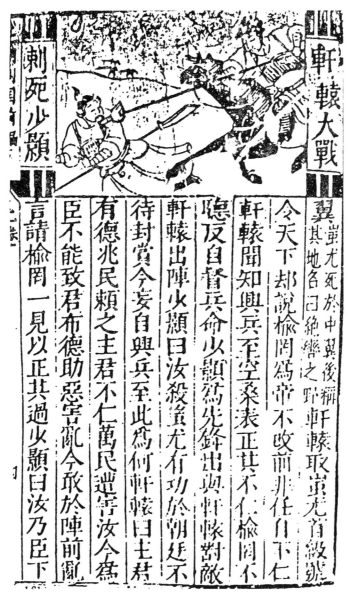

图 3-2-51　轩辕大战，刺死少昊 ①

① 古本小说集成编委会编:《古本小说集成·第 3 辑 45·列国前编十二朝》, 上海古籍出版社 2017 年版, 第 161 页。

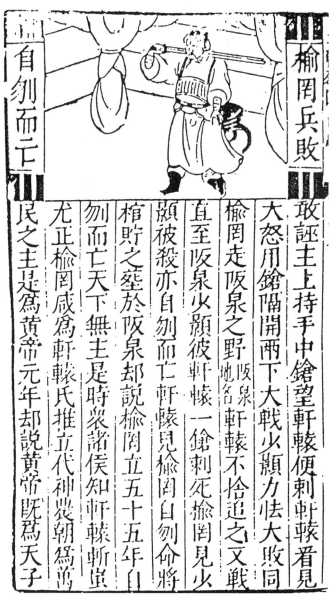

图 3-2-52　榆罔兵败，自刎而亡 ①

---

① 古本小说集成编委会编：《古本小说集成·第 3 辑 45·列国前编十二朝》，上海古籍出版社 2017 年版，第 162 页。

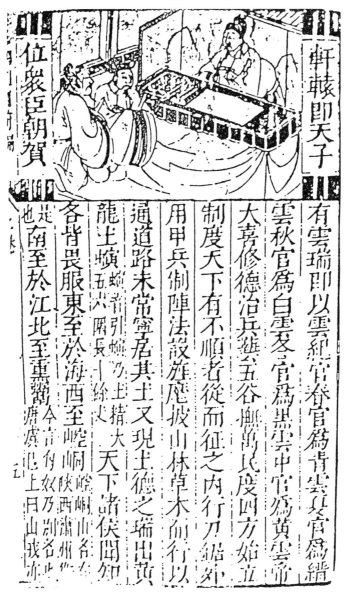

图 3-2-53 轩辕即天子位，群臣朝贺 [①]

---

① 古本小说集成编委会编:《古本小说集成·第 3 辑 45·列国前编十二朝》,上海古籍出版社 2017
年版,第 163 页。

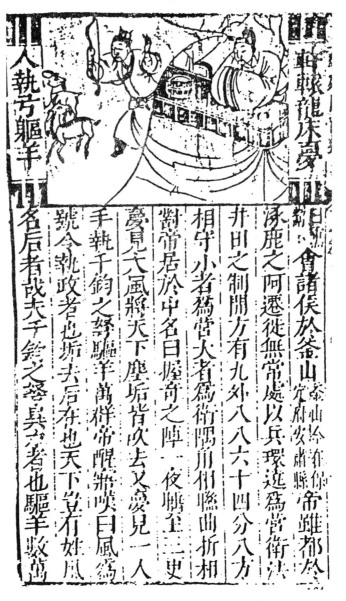

图 3-2-54　黄帝龙床梦人执弓驱羊 ①

① 古本小说集成编委会编：《古本小说集成·第 3 辑 45·列国前编十二朝》，上海古籍出版社 2017 年版，第 164 页。

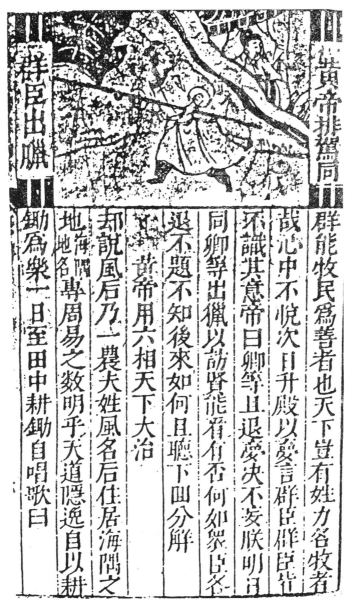

图 3-2-55　黄帝排驾同群臣出猎 ①

①　古本小说集成编委会编:《古本小说集成·第 3 辑 45·列国前编十二朝》,上海古籍出版社 2017
年版,第 165 页。

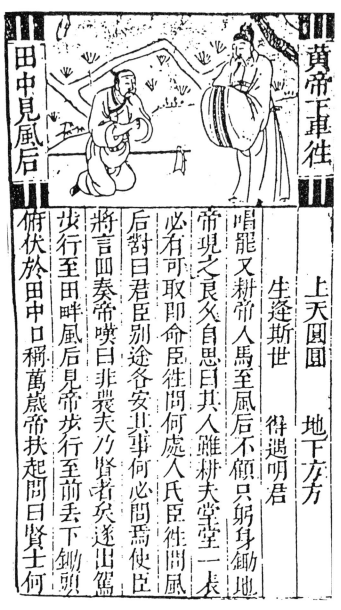

图 3-2-56　黄帝下车往田中见风后 [1]

———

[1]　古本小说集成编委会编：《古本小说集成·第 3 辑 45·列国前编十二朝》，上海古籍出版社 2017年版，第 166 页。

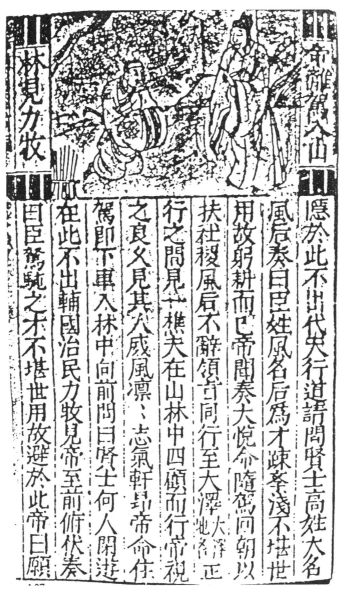

图 3-2-57　帝离驾入山林见力牧 [①]

①　古本小说集成编委会编：《古本小说集成·第 3 辑 45·列国前编十二朝》，上海古籍出版社 2017
年版，第 167 页。

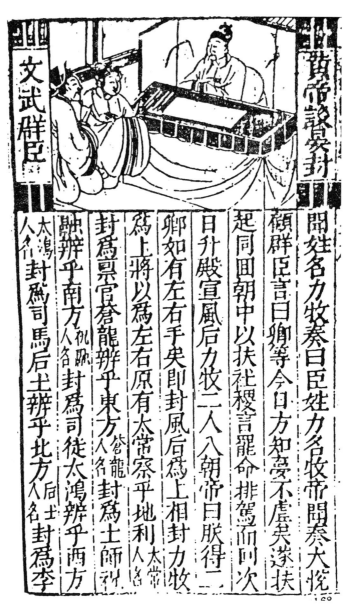

图 3-2-58　黄帝设宴封群臣 ①

---

① 古本小说集成编委会编：《古本小说集成・第 3 辑 45・列国前编十二朝》，上海古籍出版社 2017 年版，第 168 页。

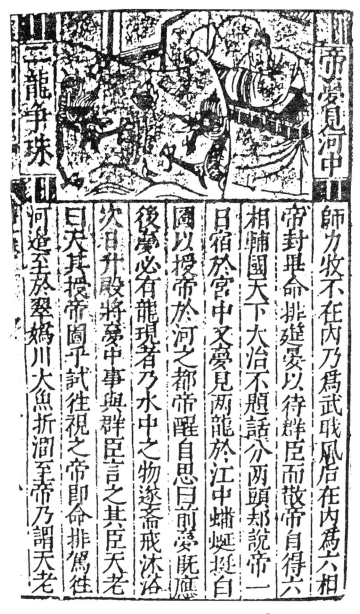

图 3-2-59　黄帝梦见河中二龙争珠 ①

①　古本小说集成编委会编：《古本小说集成·第 3 辑 45·列国前编十二朝》，上海古籍出版社 2017 年版，第 169 页。

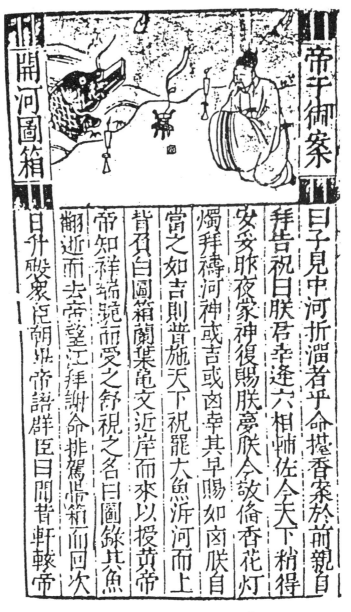

图 3-2-60　帝于御案开河图箱 ①

① 古本小说集成编委会编：《古本小说集成·第 3 辑 45·列国前编十二朝》，上海古籍出版社 2017 年版，第 170 页。

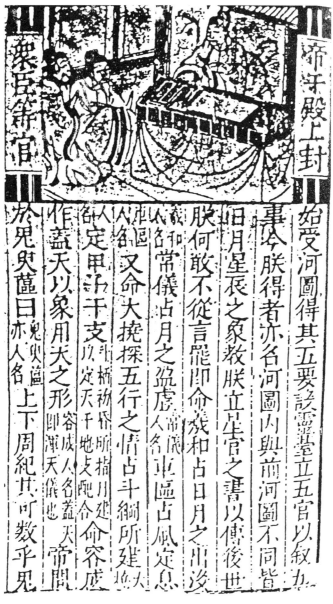

图 3-2-61　帝于殿上封众臣等官 ①

①　古本小说集成编委会编：《古本小说集成·第 3 辑 45·列国前编十二朝》，上海古籍出版社 2017
年版，第 171 页。

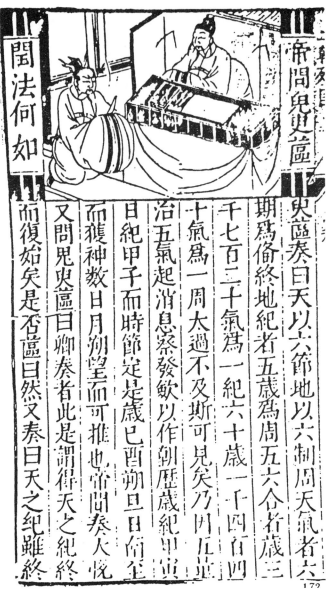

图 3-2-62　帝问鬼臾蕰闰法何如 [①]

---

① 古本小说集成编委会编：《古本小说集成·第 3 辑 45·列国前编十二朝》，上海古籍出版社 2017 年版，第 172 页。

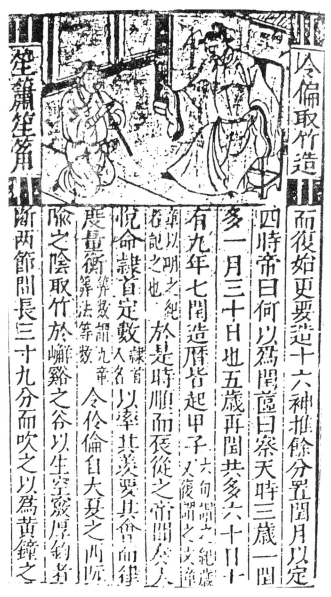

图 3-2-63　令偏取竹造笙箫笙簧 [1]

[1]　古本小说集成编委会编：《古本小说集成·第 3 辑 45·列国前编十二朝》，上海古籍出版社 2017 年版，第 173 页。

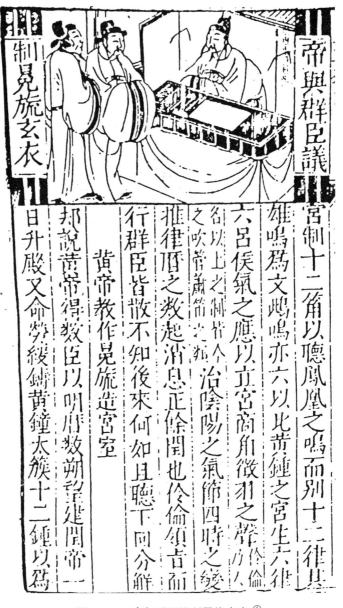

图 3-2-64　帝与群臣议制冕旒玄衣 [1]

---

① 古本小说集成编委会编:《古本小说集成·第 3 辑 45·列国前编十二朝》，上海古籍出版社 2017年版，第 174 页。

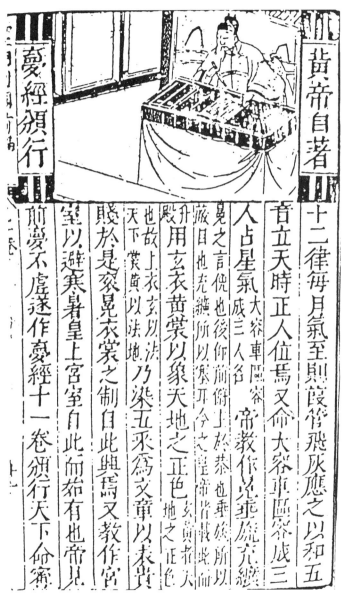

图 3-2-65　黄帝自著梦经颁行 [1]

① 古本小说集成编委会编：《古本小说集成·第3辑45·列国前编十二朝》，上海古籍出版社 2017 年版，第 175 页。

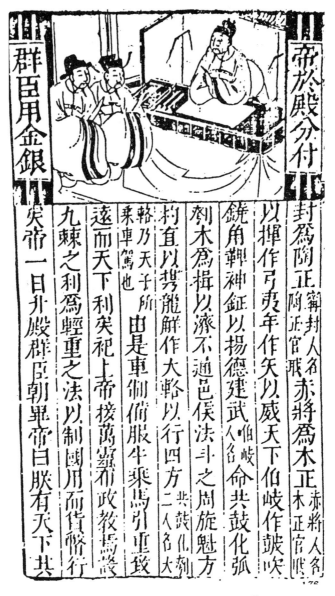

图 3-2-66　帝于殿分付群臣用金银 [1]

① 古本小说集成编委会编:《古本小说集成·第3辑45·列国前编十二朝》,上海古籍出版社2017年版,第176页。

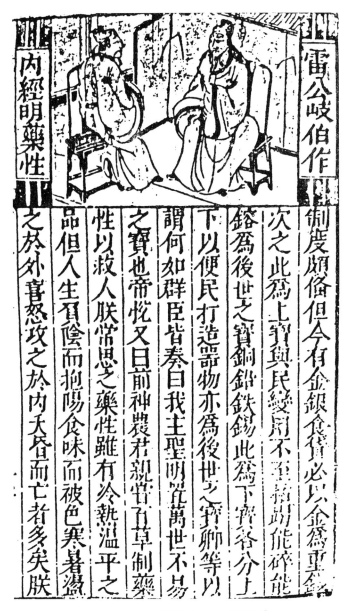

图 3-2-67　雷公岐伯作内经明药性 [1]

①　古本小说集成编委会编：《古本小说集成·第 3 辑 45·列国前编十二朝》，上海古籍出版社 2017 年版，第 177 页。

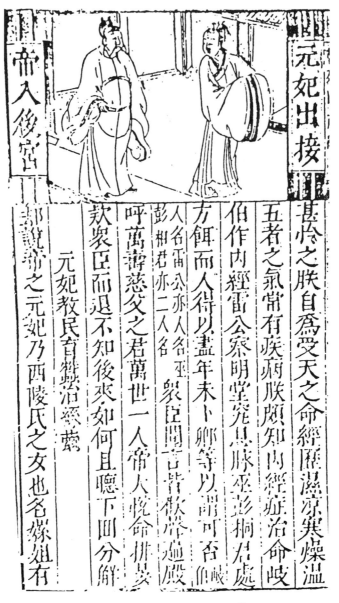

图 3-2-68　元妃出接帝入后宫 [1]

---

[1]　古本小说集成编委会编：《古本小说集成·第 3 辑 45·列国前编十二朝》，上海古籍出版社 2017 年版，第 178 页。

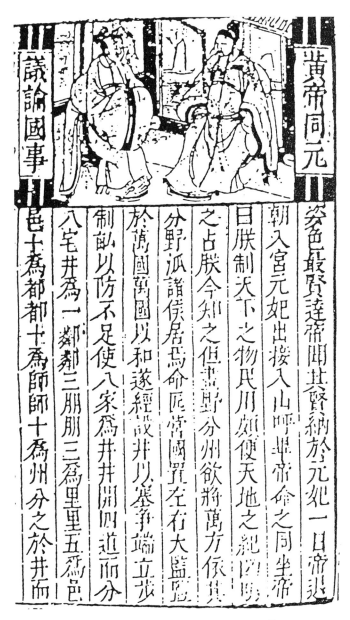

图 3-2-69　黄帝同元（妃）议论国事[①]

① 古本小说集成编委会编：《古本小说集成·第3辑45·列国前编十二朝》，上海古籍出版社 2017年版，第 179 页。

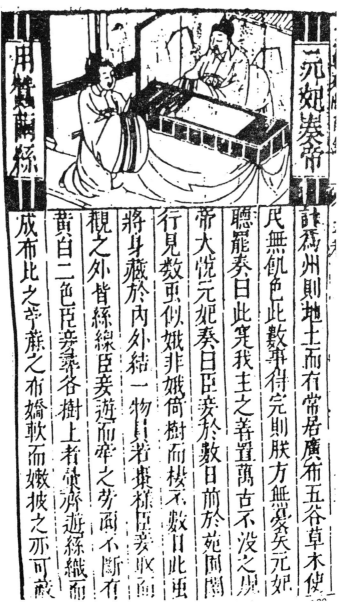

图 3-2-70　元妃奏帝用蚕茧丝 ①

① 古本小说集成编委会编:《古本小说集成·第 3 辑 45·列国前编十二朝》,上海古籍出版社 2017 年版,第 180 页。

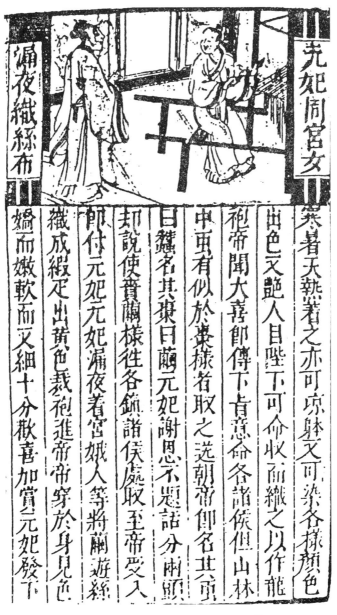

图 3-2-71　元妃同宫女深夜织丝布 ①

①　古本小说集成编委会编:《古本小说集成·第 3 辑 45·列国前编十二朝》,上海古籍出版社 2017 年版,第 181 页。

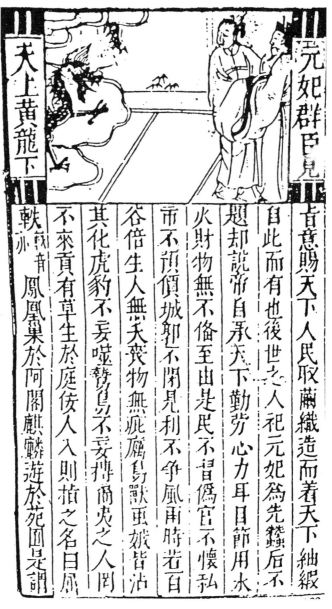

图 3-2-72　元妃群臣见天上黄龙下 ①

---

①　古本小说集成编委会编：《古本小说集成·第3辑45·列国前编十二朝》，上海古籍出版社2017年版，第182页。

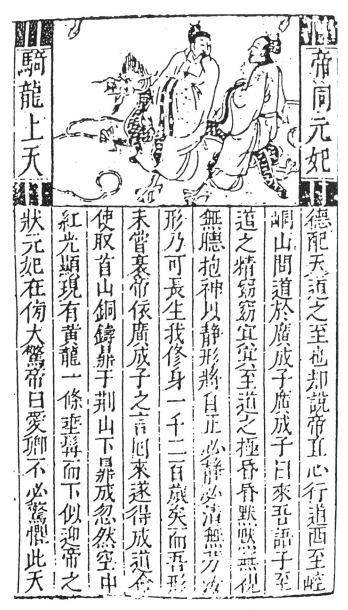

图 3-2-73　帝同元妃骑龙上天 [1]

---

①　古本小说集成编委会编：《古本小说集成·第 3 辑 45·列国前编十二朝》，上海古籍出版社 2017
年版，第 183 页。

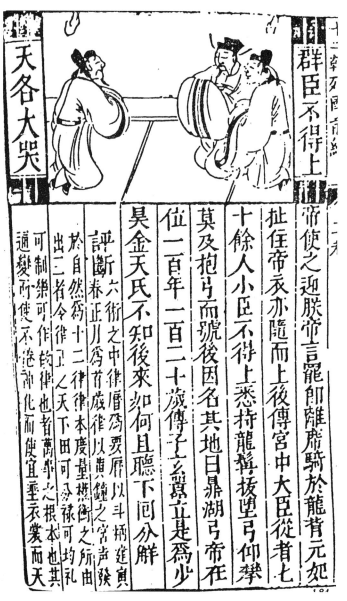

图 3-2-74　群臣不得上天各大哭 ①

①　古本小说集成编委会编：《古本小说集成·第 3 辑 45·列国前编十二朝》，上海古籍出版社 2017
年版，第 184 页。

（二）《盘古至唐虞传》

《盘古至唐虞传》是一部神话小说，由明代崇祯年间钟惺创作，全称是《按鉴演义帝王御世盘古至唐虞传》，又名《盘古唐虞传》《盘古志传》。该书详细叙述了从盘古开天辟地到禹受禅让的故事，还有各代首领的发明创造故事。比较著名的神话故事收录于书内，如共工怒触不周山、女娲补天、黄帝大战蚩尤、后羿射日等。

本书记录黄帝神话故事部分开篇即提到黄帝拜见天真皇人，带有浓厚的道教色彩。该书着重记录了黄帝大战蚩尤的故事，此外还有群臣发明创造舟车、历法、音律等故事，最后说到黄帝升天、元妃生子的故事。内容富有想象力，情节较丰富。

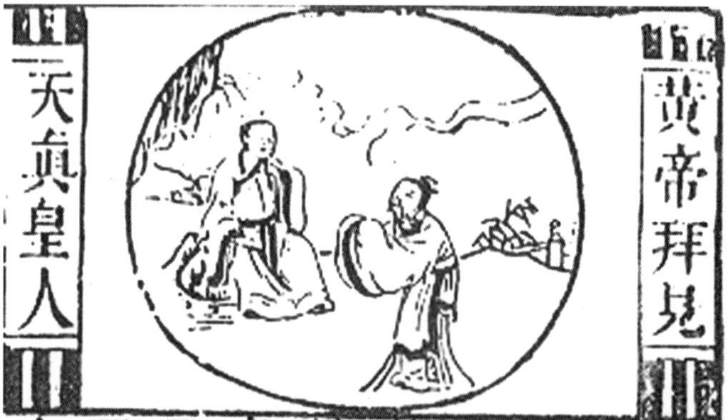

時旬于井泉山太設禮物祭祀雲陽氏自後有巫常氏泰壹氏出是名皇人他能執天下大同之制調宇宙大鴻之氣著有兵法一卷雜子一卷陰陽雲氣一卷黄冶一卷兵法雲氣書傳間出黄冶雜子至漢後始不見其書後來黄帝謁峨眉見天真皇人黄帝拜之玉堂請曰敢問天真皇人何爲是三一之道皇人曰而既已君統又洛三一無乃郎抗乎古之聖人盍日月星之三辰立時刻之晷景封某人某地以判邦国看山川高深以分陰陽因天時一寒一暑以平歲

图 3-2-75　黄帝拜见天真皇人①

① 《古本小说集成 · 第 1 辑 3 · 盘古至唐虞传 · 有商志传》，上海古籍出版社 2016 年版，第 27 页。

图 3-2-76　轩辕教民造车运行 [1]

————————

[1] 《古本小说集成·第 1 辑 3·盘古至唐虞传·有商志传》，上海古籍出版社 2016 年版，第 55 页。

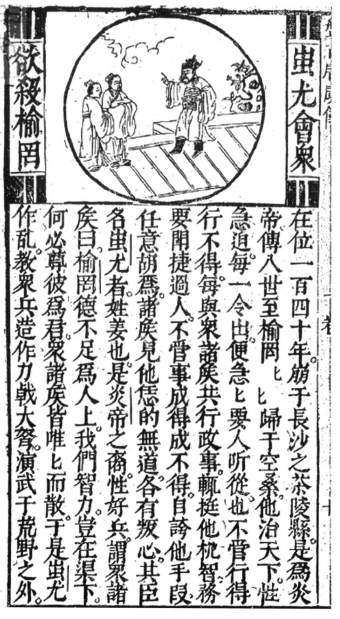

图 3-2-77　蚩尤会众欲杀榆罔 [1]

　　[1] 《古本小说集成·第 1 辑 3·盘古至唐虞传·有商志传》，上海古籍出版社 2016 年版，第 84 页。

蚩尤演武

起兵作亂

你看他教民
頭戴竹兜鍪身披犀皮革刀名昆吾雷電神。
劍號純鈞雪霜白手弩稱辟張射時能窮五
枝罷大弩可穿楊礮處應將百步厄戈來鉞
相臨劍來戟相格幾多壯健若伙飛幾多桀
黠如吼嘖投石中肌膚流矢透心膈
蚩尤見已各下這些軍校恁的强勇不勝歡喜
今朝侵犯東路諸族明日暗襲西向衆國各路
諸族見凶暴皆拱手遜讓不敢與他爭戰蚩尤
見他威勢爲諸族所怕日益荒縱无度炎帝榆

图 3-2-78　蚩尤演武起兵作乱 ①

① 《古本小说集成·第1辑3·盘古至唐虞传·有商志传》，上海古籍出版社2016年版，第85页。

141

图 3-2-79　蚩尤率兵来攻榆罔 ①

① 《古本小说集成·第 1 辑 3·盘古至唐虞传·有商志传》，上海古籍出版社 2016 年版，第 86 页。

图 3-2-80　轩辕会诸侯攻蚩尤 ①

① 《古本小说集成·第 1 辑 3·盘古至唐虞传·有商志传》，上海古籍出版社 2016 年版，第 87 页。

图 3-2-81　蚩尤施法迷轩辕军 ①

①《古本小说集成·第 1 辑 3·盘古至唐虞传·有商志传》，上海古籍出版社 2016 年版，第 88 页。

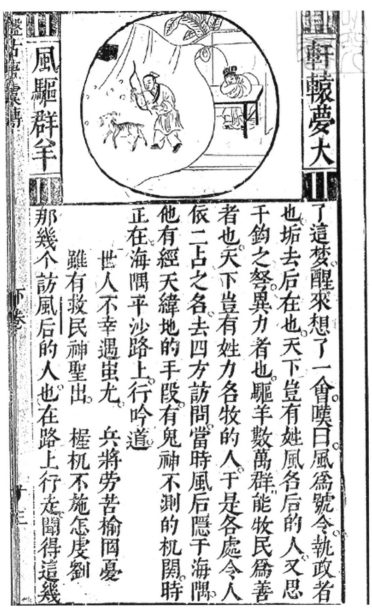

图 3-2-82　轩辕梦大风驱群羊 [1]

了這夢醒來想了一會嘆曰風為號令執政者也垢去后在也天下豈有姓風各后的人又思千鈞之弩異力者也驅羊數萬群能牧民為善者也天下豈有姓力各牧的人于是各處令人依二占之名去四方訪問當時風后隱于海隅他有經天緯地的手段有鬼神不測的机關時正在海隅平沙路上行吟道

世人不幸遇蚩尤　　兵將勞苦榆罔憂

雖有救民神聖出　　握机不施怎庹劉

那幾个訪風后的人也在路上行走聞得這幾

---

① 《古本小说集成·第 1 辑 3·盘古至唐虞传·有商志传》，上海古籍出版社 2016 年版，第 89 页。

二人途中

遇见风后

句說話。一個道看這口詞莫非便是風后也莫
非便是力牧也。一個答道試進前問他。一人走
向前道請問高人這裡有個大名風后的高人
可也曉得麼風后道你問他做甚麼訪者道我
主有夢兆說有賢智叫這名遣我們來請他為
相風后道在下便是這幾個納頭下拜問道還
有一個各頭嚇力牧的想高人一定曉得風后
道大眾不說起我也要邀他同出以事聖君這
力牧是我一個好伴當他住在大澤離此有二
三十里之地眾人聞得大喜催促風后收拾往

图 3-2-83　二人途中遇见风后①

①《古本小说集成·第 1 辑 3·盘古至唐虞传·有商志传》，上海古籍出版社 2016 年版，第 90 页。

盤古唐虞傳

風后入草堂見力牧

尋力牧風后到家打叠天書分付家人同衆來尋力牧不半日到了大澤地面大澤上只三五人家力牧住的是一所茅房風后到他茅房邊將那草編的門敲上幾声裡面走出一个蒼頭口裡唱道

雨不施兮雲不歸　鼎必薦兮鉉乃絶

風后顧衆人道這蒼頭口氣何如衆人俱道有志大英雄吻也蒼頭見風后唱礼道緣來大人至此請進々々風后和衆人進茅房廳上坐了但見裡面力牧曳履而出生得方面員睛熊腰

图 3-2-84　风后入草堂见力牧[①]

①《古本小说集成·第 1 辑 3·盘古至唐虞传·有商志传》，上海古籍出版社 2016 年版，第 91 页。

图 3-2-85　风后力牧同见轩辕 ①

你看他那阵排得古七怪七变七化七怎见得次日进兵风后于涿鹿之野率兵将排下阵来遂以风后力牧爲相力牧爲将因著占梦經十一卷门阵法力牧語以坐作進退之方略軒辕大悦轅聞説果有此二人卽忙延見風后進握机八隨同風后來見軒轅氏不數日來到有熊國軒于是留風后與大衆茅房歇息次日分付家務陳了一遍力牧道我仰觀天文蚩尤合該浚了從來風后告以軒轅伐蚩尤因梦占來訪之事虎項和風后施了礼次及大衆礼畢間風后所

———

①《古本小说集成·第 1 辑 3·盘古至唐虞传·有商志传》，上海古籍出版社 2016 年版，第 92 页。

图 3-2-86　风后排八门握机阵 [①]

---

① 《古本小说集成·第 1 辑 3·盘古至唐虞传·有商志传》，上海古籍出版社 2016 年版，第 93 页。

图 3-2-87　轩辕兵大战蚩尤氏①

奇勝

風后將握机陣勢排完。請軒轅及各路諸侯出看軒轅氏本天縱聰明。一目了然謂各路諸侯曰此陣如此如彼變化莫測。是必擒蚩尤无疑矣。衆諸侯道果是神奇。從來未有于是喚三軍鼓兵前進。那蚩尤聞軒轅請得甚麽入來下个甚麽陣法。又呵呵大笑整兵來敵。亦作起大霧。又請風伯雨師縱大風雨。軒轅已預請天女各魃者至風雨遂止。又造有指南車示衆軍以知東西南北四方。軍士不曾被大霧所迷蚩尤

①《古本小说集成·第 1 辑 3·盘古至唐虞传·有商志传》，上海古籍出版社 2016 年版，第 94 页。

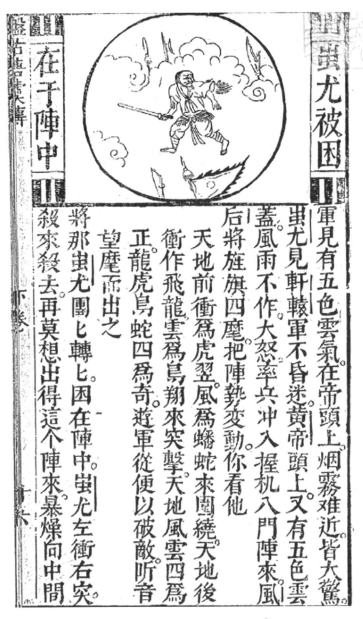

图 3-2-88　蚩尤被困在于阵中 ①

军见有五色云气在帝头上，烟雾难近皆大惊。蚩尤见轩辕军不昏迷黄帝头上又有五色云，盖风雨不作大怒率兵冲入握机八门阵来风。后将旌旗四麾把阵势变动你看他。天地前冲为虎翼风为蟠蛇来围绕天地后，冲作飞龙云为鸟翔来突击天地风云四为，正龙虎鸟蛇四为奇遊军从便以破敌听音，望麾而出之。将那蚩尤团匕转匕困在阵中蚩尤左冲右突，杀来杀去再莫想出得这个阵来暴燥向中间

---

① 《古本小说集成·第1辑3·盘古至唐虞传·有商志传》，上海古籍出版社2016年版，第95页。

151

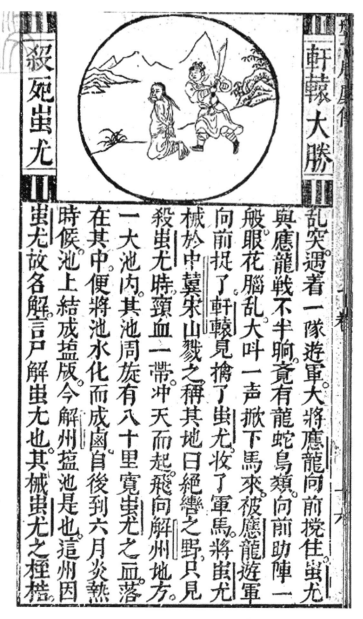

图 3-2-89　轩辕大胜杀死蚩尤 ①

乱突遇着一隊遊軍大將應龍向前搅佳蚩尤與應龍戰不半晌竟有龍蛇鳥類向前助陣一般眼花腦乱大叫一声掀下馬來被應龍遊軍向前捉了軒轅見擒了蚩尤收了軍馬將蚩尤械於中冀宋山殺之稱其地曰絕轡之野只見殺蚩尤時頸血一帶冲天而起飛向解州地方一大池內其池周旋有八十里寬蚩尤之血落在其中便將池水化而成鹵自後到六月炎熱時候池上結成盐版今解州盐池是也這州因蚩尤故各解言尸解蚩尤也其械蚩尤之桎梏

---

① 《古本小说集成·第 1 辑 3·盘古至唐虞传·有商志传》，上海古籍出版社 2016 年版，第 96 页。

脱棄宋山之上其械化而爲楓樹於是諸侯咸
歸軒轅氏代神農爲天子是爲黃帝又教虎豹
熊羆四將與炎帝戰于蒲反之野勝之降封炎
帝榆罔於洛神農氏遂亡
千古陣從風后闢　蛇蟠虎翌奇难敵
忽朕妖霧不迷離　涿鹿于兹金鼓寂
有熊氏創立制度　顓頊世怪畫妖平
却說軒轅既爲天子内行刀鋸外用甲兵制陣
法設旌庵天下有杭拒不順從者率兵往征之
當時草木繁甚那蠻夷翁虞人不敢行黃帝命衆

图 3-2-90　轩辕命将出征榆罔 ①

① 《古本小说集成·第1辑3·盘古至唐虞传·有商志传》，上海古籍出版社2016年版，第97页。

图 3-2-91　大鲈负河图授黄帝 ①

大鱸負河　圖授黄帝

披草木而行以通道路其土地東至于海西至崆峒南至于江北逐重覽合集諸庆符契圭瑞而朝于釜山初都于涿鹿必環遠軍兵立營保守時有慶雲之瑞遂以雲紀官春官為青雲夏官為縉雲秋官為白雲冬官為黑雲中官為黄雲又有黄龙土螾見螾是土之精那土生得大五六圍長十餘丈黄帝道這是土德之瑞舉六相而天下治神明至一日夢見兩龍授圖乃齋戒親徃河邊天雨甚七日有黄龍負圖從河出。帝命臣寫以示天下至翠媯之泉忽有一大鱸

① 《古本小说集成·第 1 辑 3·盘古至唐虞传·有商志传》，上海古籍出版社 2016 年版，第 98 页。

图 3-2-92　黄帝立五官叙五事①

①　《古本小说集成·第 1 辑 3·盘古至唐虞传·有商志传》，上海古籍出版社 2016 年版，第 99 页。

图3-2-93　鬼臾蒐造十六神历 ①

十六神曆　　鬼臾蒐造

算章法命伶倫作律吕自大夏之西阮隃之陰
而設部以部之於是時順而辰從命隸首作九
月三歲一閏五歲再閏十有九歲七閏配甲子
未來而以策推之造十六神曆積餘分以置閏
蒐曰是謂得天之紀終而復始乃迎日月朝望
西朝旦一日南至而獲神策得寶鼎覘侯問鬼史
以作調曆歲紀甲寅日紀甲子而時節定是已
只此便見得乃因五量治五氣起消息察斂
紀六十歲一千四百四十氣爲一周。太過不及
五歲爲周。五六合者歲三十七百二十氣爲一

---

① 《古本小说集成·第1辑3·盘古至唐虞传·有商志传》，上海古籍出版社2016年版，第100页。

图 3-2-94　伶伦制五音十二律 [1]

① 《古本小说集成·第 1 辑 3·盘古至唐虞传·有商志传》，上海古籍出版社 2016 年版，第 101 页。

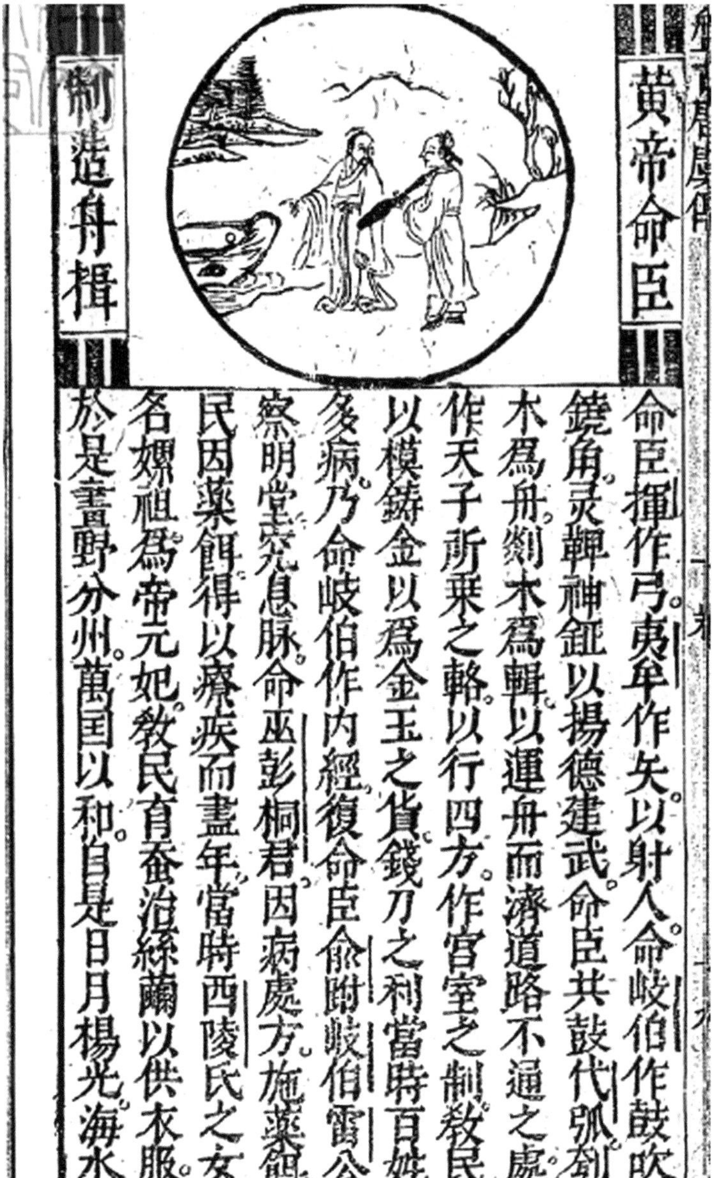

制造舟楫　黄帝命臣

命臣揮作弓。夷牟作矢以射人命岐伯作鼓吹
鏡角靈鞞神鉦以揚德建武令臣共鼓代弧刳
木爲舟剡木爲楫以運舟而濟道路不通之處
作天子所乘之輅以行四方作官室之制教民
以模鑄金以爲金玉之貨錢刀之利當時百姓
多病乃命岐伯作内經復命臣俞跗岐伯雷公
察明堂究息脉命巫彭桐君因病處方旋藥餌
民因藥餌得以療疾而盡年當時西陵氏之女
名嫘祖爲帝元妃教民育蠶治絲繭以供衣服。
於是畫野分州萬國以和自是日月楊光海水

图 3-2-95　黄帝命臣制造舟楫 [1]

① 《古本小说集成·第 1 辑 3·盘古至唐虞传·有商志传》，上海古籍出版社 2016 年版，第 102 页。

拔堕龍弓　　黄帝后宫

不波山不藏珍民不習僞官不懷私市不預僧
城郭不開見利不爭風雨時若入无夭祈物无
疵疠虎豹不敢噬螫鳥不敢妄搏裔夷之人
原不服王化者今亦來享時帝庭生一草各屆
軼佚人入則草指之鳳凰集于阿閣麒麟遊于
苑囿天下大治帝將逝乃鑄鼎七成有龍
下迎帝騎龍上天群臣後宫從帝者七七
小臣不得上的悉持龍髯七拔堕弓仰
各抱弓而號因名其地日鼎湖弓目
位百年年百一十歲于玄囂立是爲

图 3-2-96　黄帝后宫拔坠龙弓①

---

①《古本小说集成·第 1 辑 3·盘古至唐虞传·有商志传》，上海古籍出版社 2016 年版，第 103 页。

图 3-2-97　元妃生挚见虹下临 [1]

① 《古本小说集成·第 1 辑 3·盘古至唐虞传·有商志传》，上海古籍出版社 2016 年版，第 104 页。

（三）《三才图会》

《三才图会》又名《三才图说》，成书于1607年，是明代官员王圻及其儿子王思义撰写的百科式图录类书。该书共106卷，分14类，依次为天文、地理、人物、时令、宫室、器用、身体、文史、人事、仪器、珍宝、衣服、鸟兽、草木。每处采用绘图和论说的形式，图文并茂，互为印证。所列条目谱系清晰，上至天文下至地理，包含神话、历代经典人物及故事等，取材广泛，包罗万象，为了解明代及以前的社会提供了大量民俗资料。此外，该书还具有世界性视野，描绘了明代中国以外的国家形象。

本书涉及黄帝神话的内容，将黄帝列为三皇仙尊，曰："黄帝到今洪武元年约四千零六十余年，自天开至黄帝约六万四千三百二十余年。"[1]人物谱系清晰明确（见图），描绘了黄帝肖像、元妃嫘祖养蚕的故事、黄帝擒蚩尤遗迹、黄帝问道广成子地点（崆峒山）及场景、臣子谱系，以及与黄帝相关的楼阁庙宇等。

---

[1]　王圻、王思义编集：《三才图会》，上海古籍出版社1988年版，第877页。

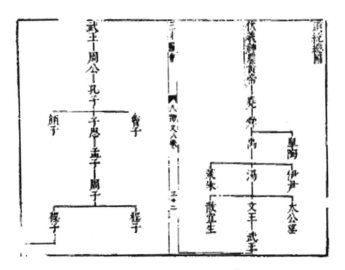

图 3-2-98　黄帝帝王谱系 [1]

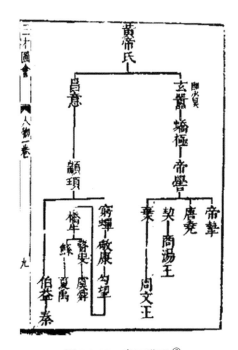

图 3-2-99　帝王谱系 [2]

[1]　王圻、王思义编集：《三才图会》，上海古籍出版社 1988 年版，第 730 页。

[2]　王圻、王思义编集：《三才图会》，上海古籍出版社 1988 年版，第 527 页。

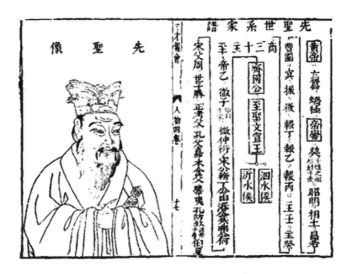

图 3-2-100　黄帝家族谱系 ①

图 3-2-101　轩辕黄帝像 ②

---

①　王圻、王思义编集：《三才图会》，上海古籍出版社 1988 年版，第 594 页。

②　王圻、王思义编集：《三才图会》，上海古籍出版社 1988 年版，第 527 页。

图 3-2-102　黄帝生平介绍 ①

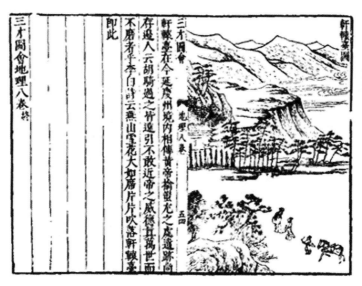

图 3-2-103　轩辕台图 ②

①　王圻、王思义编集：《三才图会》，上海古籍出版社 1988 年版，第 530 页。
②　王圻、王思义编集：《三才图会》，上海古籍出版社 1988 年版，第 774 页。

图 3-2-104　元妃教民养蚕 ①

图 3-2-105　元妃教民养蚕赞文 ②

①②　王圻、王思义编集:《三才图会》,上海古籍出版社 1988 年版,第 777 页。

图 3-2-106　元妃封"先蚕" [1]

图 3-2-107　黄帝问道广成子 [2]

---

[1]　王圻、王思义编集:《三才图会》，上海古籍出版社 1988 年版，第 1010 页。

[2]　王圻、王思义编集:《三才图会》，上海古籍出版社 1988 年版，第 780 页。

图 3-2-108　崆峒山图 ①

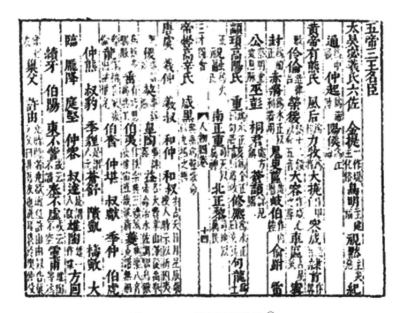

图 3-2-109　黄帝君臣谱系 ②

① 王圻、王思义编集：《三才图会》，上海古籍出版社 1988 年版，第 781 页。

② 王圻、王思义编集：《三才图会》，上海古籍出版社 1988 年版，第 593 页。

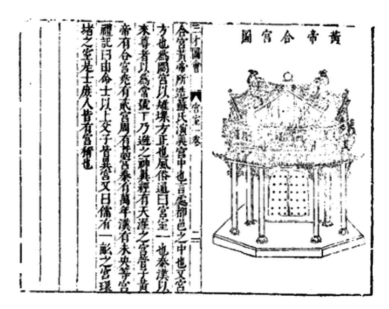

图 3-2-110　黄帝合宫图 [①]

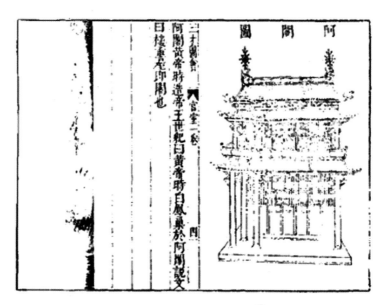

图 3-2-111　黄帝造阿阁图 [②]

---

① 王圻、王思义编集：《三才图会》，上海古籍出版社 1988 年版，第 987 页。

② 王圻、王思义编集：《三才图会》，上海古籍出版社 1988 年版，第 988 页。

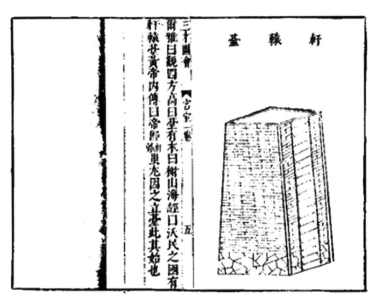

图 3-2-112 黄帝造轩辕台 ①

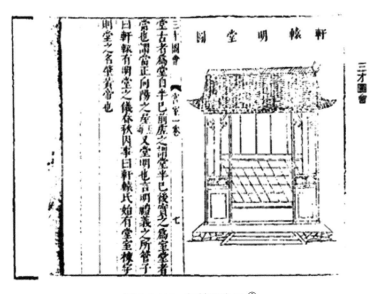

图 3-2-113 轩辕明堂图 ②

① 王圻、王思义编集:《三才图会》,上海古籍出版社 1988 年版,第 989 页。
② 王圻、王思义编集:《三才图会》,上海古籍出版社 1988 年版,第 990 页。

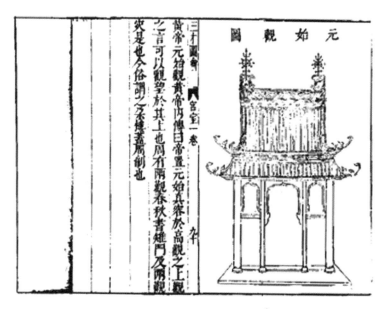

图 3-2-114　黄帝造原始观图 ①

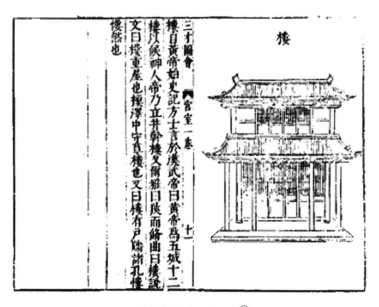

图 3-2-115　黄帝造楼 ②

---

①②　王圻、王思义编集：《三才图会》，上海古籍出版社 1988 年版，第 991 页。

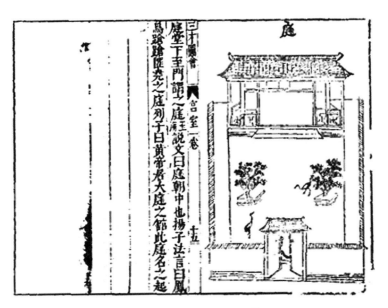

图 3-2-116 黄帝造庭院 [1]

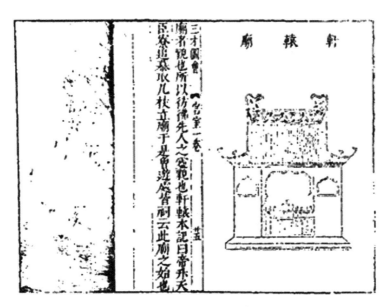

图 3-2-117 轩辕庙 [2]

---

[1] 王圻、王思义编集:《三才图会》,上海古籍出版社 1988 年版,第 993 页。

[2] 王圻、王思义编集:《三才图会》,上海古籍出版社 1988 年版,第 998 页。

（四）《有夏志传》

《有夏志传》成书于明代崇祯年间，为钟惺所作，运用白话书写的长篇历史神怪小说，全称《按鉴演义帝王御世有夏志传》，又名《有夏传》。

全书共四卷十九回，开篇有《有夏传叙》，正文内容从禹帝开始写起，"话说禹王乃黄帝的玄孙，姓姒氏，鲧之子。母名志，号修己，有莘氏女……"①直到第十九回"汤王誓师征履癸，桀败三峻终南巢"结束，在《有商志传》中，继续从汤王讲起，叙述到第三十一回"纣王拜五将征西，太公甲子灭殷纣"。

该书取材于《山海经》，记载了广泛流传民间的传说，如大禹治水、后羿夺权、嫦娥奔月等著名故事，但多有虚构，描写生动，增加了许多故事情节。另外，内容从其他文献材料如《史记》等引用，在历史构架上进行虚构。同时，该书也借鉴了其他历史演义或神话小说的情节和细节，对作品进行改写，使其更为丰满。

《有夏志传》涉及黄帝内容出现在第一卷中，主要是说黄帝铸鼎成功，吃了一种有种奇异香味的玉膏后，身体轻清起来，于是便有天上的神龙垂下虬髯，迎接黄帝升天的故事。

---

① 《古本小说集成》编委会编：《古本小说集成·第1辑·有夏志传》，上海古籍出版社2016年版，第1页。

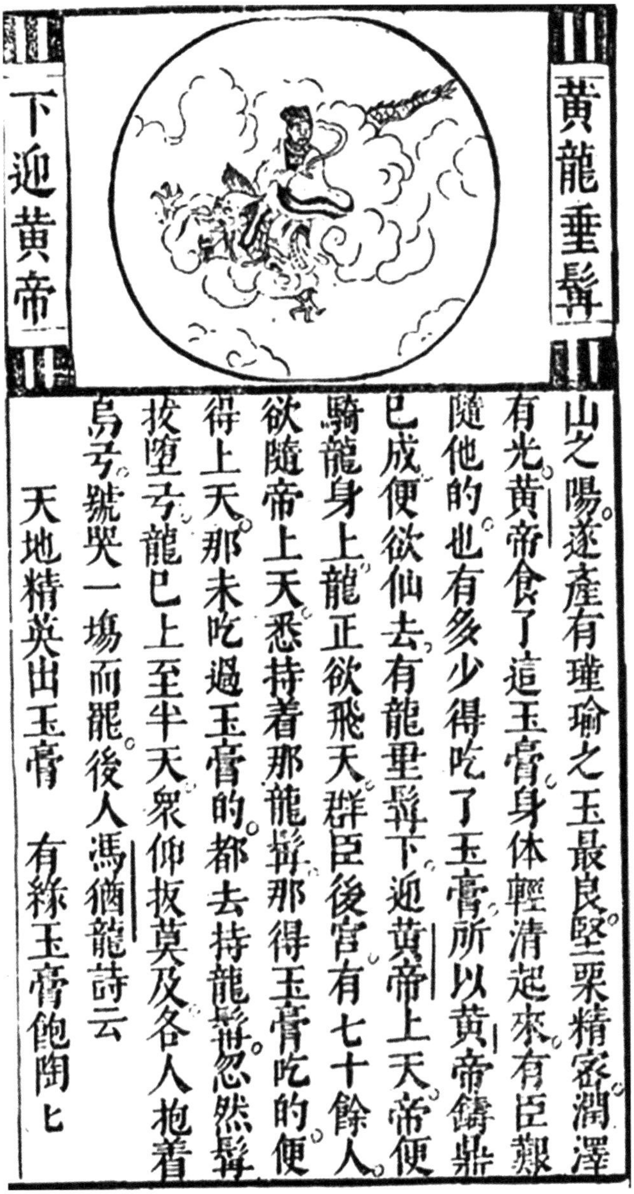

黄龍垂髯　下迎黄帝

山之陽遂產有瑾瑜之玉最艮堅粟精密潤澤
有光黄帝食了這玉膏身體輕清起來有臣薮
隨他的也有多少得吃了玉膏所以黄帝鑄鼎
巳成便欲仙去有龍垂髯下迎黄帝上天帝便
騎龍身上龍正欲飛天群臣後官有七十餘人
欲隨帝上天悉持着那龍髯那得玉膏吃的便
得上天那未吃過玉膏的都去持龍髯忽然髯
披墮弓龍巳上至半天衆仰攻莫及各人抱着
烏弓號哭一塲而罷後人馮猶龍詩云
天地精英出玉膏　有絲玉膏飽陶七

图 3-2-118　黄龙垂髯下迎黄帝 ①

① 《古本小说集成》编委会编：《古本小说集成·第1辑·有夏志传》，上海古籍出版社2016年版，第73页。

（五）《开辟衍绎》

《开辟衍绎》是明代周游所著历史演义小说，成书于明崇祯年间，又称《开辟演义》，全名《开辟衍绎通俗志传》。讲述了从盘古开天辟地创立世界到周武王建立周朝的故事。全书共分六卷八十回，在前几卷中记录了许多人们熟知的神话故事，带有历史神话观。但也有学者认为，该书与古籍文献内容有所出入，具有明显的宣扬佛教特色。①

该书从第十九回到第二十五回记录了黄帝相关的故事。在第十九回"七帝继传承天下"中，讲述了炎帝崩后帝位传至榆罔一位时，涿鹿一带姜氏蚩尤不尊皇命作乱，少颢请命领兵作战，但遇蚩尤施法，大雾弥漫，少颢败下阵来。在第二十回"轩辕救驾灭蚩尤"章节中，轩辕听闻榆罔帝有难被困，亲自领兵三万到涿鹿救驾，遭遇迷雾阵法兵败，遂造指南车，令军队着黄衣，最终将蚩尤打败。但因榆罔帝治下不力，轩辕带兵至劝其正，遂与少颢战于阪泉，榆罔帝自刎，亦葬于阪泉。第二十一回"轩辕氏即黄帝位"接上回，说到黄帝即位称帝，建立制度治理天下，征战四野，遂统一天下。第二十二回"帝用六相治天下"说的是黄帝启用风后，连同太常、苍龙、祝融、太鸿、后土一起奉为"六相"，封力牧为"上将"，一起统治朝野的故事，还记载了黄帝获得《河图》、造音律的经过。第二十三回"黄帝制冕旒宫室"主要记载黄帝通过制定衣帽、服饰颜色来规范等级制度以便治理，还发现医药的作用，成书《内经》。第二十四回"元妃教民养蚕丝"写的是黄帝元妃嫘祖与黄帝一道教百姓养蚕织帛，纺制成衣的故事。第二十五回"帝道成龙迎升天"中记载了黄帝问道广成子，最后得道，乘龙升天的故事。

该书所配插图，描绘了所述故事情节内容，较为生动。

---

① 王学钧：《盘古，从"开辟"始祖到佛陀弟子》，《明清小说研究》，2002 年第 3 期。

图 3-2-119　七帝继传承天下 ①

①　王文章主编，刘文峰副主编：《傅惜华藏古本小说丛刊·183〈开辟衍绎〉》，学苑出版社 2016 年版，第 49 页。

图 3-2-120　轩辕救驾灭蚩尤 ①

---

① 王文章主编，刘文峰副主编：《傅惜华藏古本小说丛刊·183〈开辟衍绎〉》，学苑出版社 2016 年版，第 50 页。

图 3-2-121　轩辕氏即黄帝位 ①

---

①　王文章主编，刘文峰副主编：《傅惜华藏古本小说丛刊·183〈开辟衍绎〉》，学苑出版社 2016 年版，第 51 页。

图 3-2-122　黄帝六相治天下 ①

① 王文章主编，刘文峰副主编：《傅惜华藏古本小说丛刊·183〈开辟衍绎〉》，学苑出版社 2016 年版，第 52 页。

图 3-2-123　黄帝问道广成子 ①

---

①　王文章主编，刘文峰副主编：《傅惜华藏古本小说丛刊·183〈开辟衍绎〉》，学苑出版社 2016 年版，第 53 页。

（六）《列仙全传》

《列仙全传》据传是明代王世贞所作。王世贞（1526—1590），字元美，号凤洲，又号弇州山人，是嘉靖二十六年（1547）进士，明代复古派"后七子"之一，隆庆和万历年间的文坛领袖。该书是一部有文有图的仙道人物大传，共九卷，前八卷署名王世贞，第九卷署名汪云鹏。该书在《列仙传》《续列仙传》《广列仙传》的基础上，叙述了 522 篇人物传记，涉及仙道人物 581 位，这些人物起自上古，迄于明代弘治年间。该书于万历年间刊行，是面向大众的通俗读本。

该书涉及黄帝的内容主要是"黄帝问道广成子"的故事。仙人广成子在崆峒山修道，此处山高水清，奇石嶙峋，云雾缭绕，乃人间仙境。黄帝听闻广成子居住于此，不远万里，前来问道。相传黄帝问道广成子第一次并未如愿，第二次绕过山峰到达西边才遇上广成子。黄帝在这里悟得治国之道后，忧国忧民，选任贤能，励精图治，在后妃和群臣的齐心合力下，开疆拓土，把国家治理得井井有条。所以黄帝也被后世称为"人文始祖"。

图 3-2-124　黄帝问道广成子

（七）《廿一史通俗衍义》

《廿一史通俗衍义》，又名《精订纲鉴廿一史通俗衍义》，是清代康熙至雍正年间由吕抚撰写的一部历史题材的通俗长篇小说，据说是现存最早的泥活字印本书籍。该书内容从盘古开天辟地讲起，包含了伏羲创八卦、女娲补天、后羿射日等著名神话故事，最后讲到秦国灭亡的故事。该书也讲述了三皇五帝、黄帝治国等神话故事，但插图较少，仅有"黄帝妃西陵氏教民养蚕"一幅。

图 3-2-125　黄帝妃西陵氏教民蚕 ①

---

① （清）吕抚著：《廿一史通俗衍义》，第 7 页。

（八）《万物绘本大全图》

《万物绘本大全图》现藏于大英博物馆，是日本画家葛饰北斋于 1829 年所绘制，带有浓厚的江户后期浮世绘风格。全书共有图像 103 幅，内容丰富、包罗万象，有珍禽异兽、旷世珍宝、佛教人物及故事等。与中国相关神话故事的有尧、舜、伏羲造琴，后羿射日，炎帝神农造五谷等。历史人物典故有刘邦斩白蛇等。此外，作者还描绘了中国、朝鲜、印度、日本、吕松、琉球（名中山国）的服饰人像，展现了作者的广阔视野。

在《万物绘本大全图》中，描绘了黄帝时期就开始发明的一些度量方法，以及大鱼献瑞和黄帝造字的故事。

图 3-2-126　黄帝始造度量衡 ①

---

① ［日］葛饰北斋绘：《万物绘本大全图》，日本文政十二年，第 37 页。

图 3-2-127　大鱼献瑞 ①

图 3-2-128　造字始于黄帝 ②

---

① ［日］葛饰北斋绘：《万物绘本大全图》，日本文政十二年，第 55 页。
② ［日］葛饰北斋绘：《万物绘本大全图》，日本文政十二年，第 56 页。

四、古代民间年画、版画等黄帝创世神话图像

民间年画、版画、纸马等因材质等问题不易保存，存世年代较近，以明清时期的画像为主。收藏者不多，所涉内容有关黄帝的画像更少，主要还是以民间的三皇崇拜内容为主，其中也不乏神仙形象。黄帝为上古神话人物，民间拜其为仙，在成衣业、医药业、蚕丝业、弹花业等行业的经营者中，皆奉黄帝为祖师。新年时，备齐香烛贡品于像前，谢祖酬神，祈来年生意兴隆。

（一）《黄帝圣像》

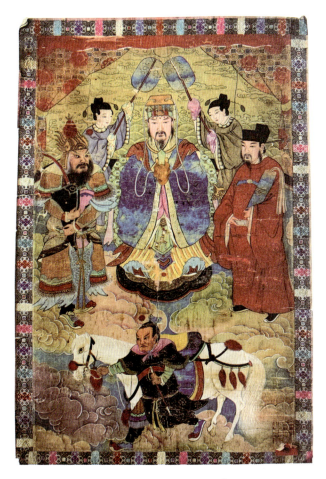

图 3-2-129　黄帝圣像 ①

该图创作于明代，绢本手绘，宽 39 厘米，高 62 厘米，王树村收藏。图中黄帝立于云端，头戴冕旒，着方心曲领、帝王袍服，乃帝王之像。旁有一文一武两官相伴，下有力士手牵白马。

___

① 王海霞主编，刘莹本卷主编：《中国古板年画珍本·北京卷》，湖北美术出版社 2015 年版，第60 页。

（二）《三皇天尊》

图 3-2-130　三皇天尊 [①]

　　该图为清代版，纸马，墨版手绘，宽 24 厘米，高 29.5 厘米，王树村收藏。左起人物为黄帝、伏羲、神农。

---

　　① 王海霞主编，刘莹本卷主编：《中国古板年画珍本·北京卷》，湖北美术出版社 2015 年版，第65 页。

（三）《轩辕圣帝》

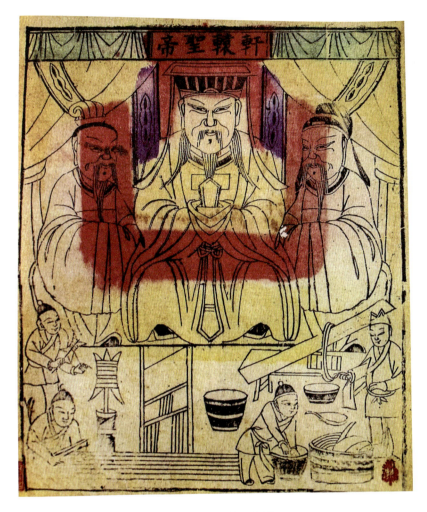

图 3-2-131　轩辕圣帝 [①]

该图为清代版纸马，墨版手绘，宽 20.5 厘米，高 24 厘米，王树村收藏。图中黄帝居于正位，两侧各有一臣伴随，底部描绘了黄帝的造物传说。

[①]　王海霞主编，刘莹本卷主编：《中国古板年画珍本·北京卷》，湖北美术出版社 2015 年版，第 121 页。

（四）《三皇圣祖》

图 3-2-132　三皇圣祖 [①]

该图是民国时期木板套印画，于河南开封收集，宽21厘米，高26厘米，现藏于俄罗斯圣彼得堡宗教历史博物馆。左起为黄帝、伏羲、神农。三者手中各持一物。

---

① 王海霞主编，薄松年、任鹤林本卷主编：《中国古板年画珍本·河南卷》，湖北美术出版社2015年版，第291页。

（五）《河图洛书》

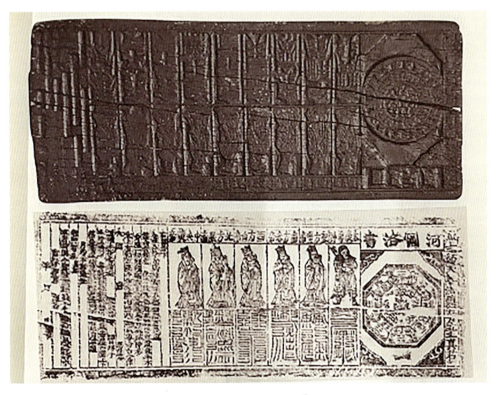

图 3-2-133 河图洛书 [①]

　　该图为木雕印刷，清代制，于彭城万神殿所得，宽24厘米，长59厘米，现为河北峰峰磁州窑陶瓷博物馆收藏。图中右起数第五为黄帝，书"中央黄帝"四字，是符咒、道教法术等以祛除疾病、宅舍不安为目的的巫术行为所用的图像。

第三节　近现代黄帝及创世神话图像

一、概述

近代以降，黄帝的历史地位得到进一步的彰显，突出表现为黄帝成为建构民族整体的始祖及黄帝作为公祭对象而成为民族团结的象征。而黄帝地位的凸显有着深刻的社会背景。

晚清以来，清政府的腐朽统治和西方列强的入侵加剧了中国社会的统治危机，进一步推动了资产阶级革命运动的蓬勃发展。而清末革命运动之所以能够蓬勃发展，很大程度上在于光复汉族统治的"排满种族主义"[①]的推动。同时，西方民族沙文主义、"黄祸"论、"中国人种西来"说等观念催生了"保国""保种"的民族危机[②]。于是，黄帝"闪亮登场"，成为民族整体的始祖建构和拯救民族危机的符号象征。1903 年 6 月，《江苏》报刊第三期刊登了一幅黄帝人物图像，成为近代较早的黄帝人物图像，并为《民报》等其他报刊所袭用。而这一图像之所以能够得到其他报刊所袭用，很大原因在于黄帝成为革命斗争的重要象征，可以说是清末革命派较为公认的黄帝像。

此后报刊所刊载的黄帝图像，在一定程度上构成了近代以降黄帝人物形象谱系。从已有的材料来看，近代以降的黄帝人物形象大致可以分为三类：武将人物形象、帝王人物形象和道家人物形象。其中，以武将人物形象出现的黄帝图像数量较多。探究不同报刊上的黄帝形象各异的原因，可以发现，很大程度与报刊所属的性质有关。

抗日战争爆发以后，中国社会面临新的危机。1936 年，西安事变的和平解决，拉开了国共合作的又一序幕。1937 年 3 月，蒋介石和周恩来在杭州谈判期

---

① 章开沅著：《辛亥革命时期的社会动员：以"排满"宣传为实例》，《社会科学研究》1996 年第 5 期。

② 游红霞著：《论蒋观云的神话学思想》，《长江大学学报（社会科学版）》2008 年第 4 期。

间，提出本年度清明节，国共同祭轩辕陵①。周恩来将这一消息转达给毛泽东。毛泽东马上召开会议，决定委派林伯渠为中共代表，与国民党一道，定于当年 4 月 5 日前往陕西中部县（今黄陵县）桥山共同祭祀黄帝。祭祀当天，国共双方各派代表诵读祭文。其中，林伯渠代表中国共产党和苏维埃政府宣读了由毛泽东同志撰写的祭文。毛泽东的祭文表达了"民族阵线，救国良方；四万万众，坚决抵抗""亿兆一心，战则必胜；还我山河，卫我国权"的抗争情感，感情真挚自然，情绪慷慨激昂。由此，黄帝成为团结民众、抵御外敌的重要象征。祭祀黄帝陵这一活动，意在唤起全民族抗战。

本部分在遵从上述两条线索的基础之上，选取了近代以来报刊上所刊登的黄帝图像，并融入部分田野材料，来展现这一时期黄帝图像叙事的多元性。通过这些形象各异的人物图像，我们大致能够阐释近代以来黄帝图像叙事的演进形态。

二、近代以降各报刊插图画黄帝像

（一）黄帝武将人物形象

清末时期的黄帝形象大约分为两类，一类是留日知识分子受到中国汉族"西方起源论"的人种论影响而创造的黄帝形象，该形象一改以往的帝王造型，摇身一变，具有强烈的写实风格：黄帝头戴毡帽，脸型瘦削而结实，满脸胡子，宛如威风凛凛的将军；而另一类是沿袭了古代黄帝的大体外貌，但是加上盔甲，手持长刀，冕旒变成了头盔，也是一派武将的模样。这个时期的黄帝形象总体来说，以武将的形象展现，迎合了时局的需要。

---

① 白云涛著：《全面抗战初期的国共合作》，《中国国家博物馆馆刊》2015 年第 6 期。

图 3-3-1 中国民族始祖黄帝之像 [①]

此图像刊登于 1903 年 6 月《江苏》报刊第三期"图画"栏目，是近代较早的黄帝人物图像。该图像的产生受到了当时西方人类学关于世界人种分类学说的影响，此时的黄帝"是以出生于远古西方的巴比伦，率领后来成为汉族的原始部落民千里迢迢迁至中国的英雄姿态出现的" [②]。图后附有文字："帝作五兵，挥斥百族。時維我祖，我膺是服。億兆孫子，皇祖式茲。我疆我里，誓死复之。"这幅图后经多家报刊所袭用，成为民国时期较为公认的黄帝图像。且看以下几家报刊所刊载的图像：

---

① 图片来源于华东师范大学图书馆"晚清期刊全文数据库"：https://www.cnbksy.com。
② 石川祯浩：《20 世纪初年中国留日学生"黄帝"之再造——排满、肖像、西方起源论》，《清史研究》2005 年第 4 期。

（1）　　　　　　　　　　　　（2）

（3）　　　　　　　　　　　　（4）

图 3-3-2　黄帝图像

　　图 1-2 中，从（1）到（4）分别为：1905 年 4 月 24 日《国粹学报》第一年乙巳第三号；1905 年《民报》第一号；1915 年 6 月《富强》杂志第一卷第一期封面；1929 年 8 月《江苏革命博物馆月刊》第一期。这几幅图袭用了 1903 年 6 月《江苏》所刊登的黄帝图像。而从刊物所属的性质来看，基本上属于革命类刊物，因此，各大刊物对此黄帝画像的袭用与其自身宣传民主革命思想有着密切的联系。

图 3-3-3　黄帝伐蚩尤 [①]

此图像刊登于 1911 年《新世界画册》第一期第 9 页，作者不详。从图中可以看到，黄帝威风凛凛，手持长枪，乘马车追逐蚩尤部族。蚩尤部族也不甘示弱，不断抗争。图像通过战争场面来表现黄帝的历史功绩，此图前一页还配有"黄帝伐蚩尤"文字，其文字为：

> 黄帝姓公孙，名轩辕，为吾族一部之酋长，其时神农氏衰，天下大乱。诸侯以帝有至德咸归之。帝明敏威武，四征不廷。东至于海，西抵崆峒。南至于江，北逐荤粥，迁徙往来无常处。以师兵卫营卫，时苗族酋长，有蚩尤者，□□□兼拜诸侯。帝率诸侯，与战于涿鹿之□，擒杀之。诸侯以帝有功，尊为天子，以君领全族，而吾族滋盛矣。

这段文字清晰地表述了黄帝的姓氏、征战经历、尊为天子等内容。特别表述了与蚩尤战于涿鹿之野、擒杀蚩尤之后，被尊为天子。在其他一些报刊上，如1913 年《生计》第十二期第 8 页刊登《格致品》一文，借黄帝征战蚩尤而发明指南针，将黄帝描述为工业先祖。其文表述为："黄帝与蚩尤战于涿鹿，蚩尤为雾，军士莫辨方向。黄帝作指南针以胜之。盖以磁石为针，性尝指南，为我国利用格致学之初祖。"①

---

① 图片来源于华东师范大学图书馆"晚清期刊全文数据库"：https://www.cnbksy.com。

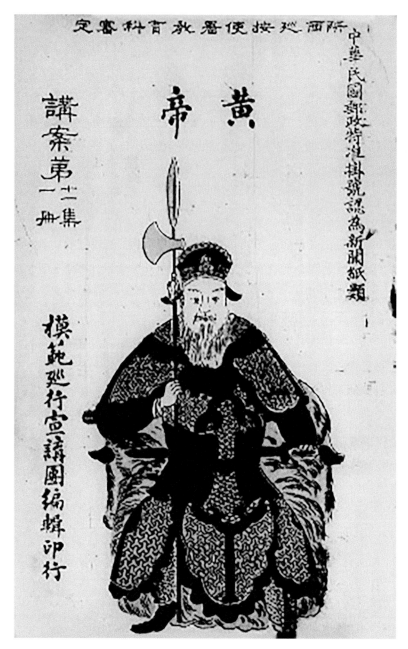

图 3-3-4　黄帝像 ①

———————

① 图片来源于华东师范大学图书馆"晚清期刊全文数据库": https://www.cnbksy.com。

此图像刊登于 1914 年《讲案》第一期第十一卷封面，图中黄帝一改往日半身像的形象，突出表现为全身武士的形象。他端正威武，正襟危坐，头顶帽，身穿盔甲，腰别一把宝剑，左手紧握腰中的宝剑，右手执斧，气宇轩昂，威严肃穆。人物的正上方写着"黄帝"二字，点明图中所画之人。在报刊的正文中，有关黄帝的文字表述是这样的：

> 我们陕西中部县桥山（又名子午山）顶上，有古帝王的一个陵墓。大家可晓得他叫什么名字呢。不用说，没有不晓得是叫作轩辕陵的。轩辕氏就是黄帝，历代帝王，都讲究虔心虔意的遣使致祭，而且备办礼物十分丰盛，就是牧童、樵夫虽不晓得什么叫作致敬，却是经过陵前也不忍损伤他一草一木。论起黄帝建国的时候，离我们中华民国纪元已经四千六百余年了。凡是在朝在野，敬礼依然不衰，竟然成了千万世的纪念。究竟是什么缘故呢？不是别的。原是黄帝的功业甚大，德泽甚深，后世永远纪念。就是纪念他的功业，纪念他的德泽，不是功业德泽，怎能够四千六百余年。以前纪念是这样，四千六百余年以后，纪念仍然是这样呢！功业德泽，究竟在于何处。我们中华的土地都是黄帝开创。我们中华的人民，都要仰黄帝的生成。这些话并非妄谈。的的确确有个依据，今天好给大家说说，激起爱国的思想。①

《讲案》刊载内容以通俗文学为主，其创刊之旨在于启发国家思想、解释现行法令、培养公民道德、改良社会习俗等，创办主体为政府机构。因此，该图像的出现具有一定的政治目的。而通过营造黄帝军士的形象，该刊意在传达出政府机构宣讲的庄严性和权威性。

---

① 原文篇幅较大，仅截取正文的第一段。文字来源于华东师范大学图书馆"晚清期刊全文数据库"：https://www.cnbksy.com。

图 3-3-5　黄帝像 ①

---

①　图片来源于华东师范大学图书馆 "晚清期刊全文数据库"：https://www.cnbksy.com。

该图像刊登于 1914 年《娱闲录：四川公报增刊》第 3 期"插图"栏目，同期还刊登了嫘祖的画像。图中，黄帝左手执弓，右手拿箭，似乎要准备发起进攻。他凝视着前方，衣襟也随风飘动，似乎战事紧急。而他的身后，是两个手拿武器的侍从，其中一人右手抬起，像是观察远方的敌情，蓄势待发。其后配有文字：

> 黄帝姓公孙，名轩辕，初为诸侯。因蚩尤作乱中国，帝与战于涿鹿，擒而戮之，四方诸侯遂荐为天子，由部落而进为国家者，自黄帝始也。于是作冕旒，为玄衣黄裳。兴官宝之制作，合宫以祀上。帝又命共鼓化狐作舟楫，以济不通邑。作车以行四方，仓颉造字以纪事实。大挠作甲子，伶伦调律。吕岐伯制医药经，隶首倡算数。挥作弓，夷作矢及指南车，其他便民利物之事，不胜枚举，由此文化方兴。

从图像所表现的画面和文字所叙述的内容来看，主要表现了黄帝在统一部族上的丰功伟绩。而作为黄帝元妃的嫘祖，因其养蚕缫丝、教授纺织的历史功绩，而受到后人的景仰。

图 3-3-6　嫘祖像 ①

① 图片来源于华东师范大学图书馆"晚清期刊全文数据库"：https://www.cnbksy.com。

此图中共有五位女子，她们形态各异，或坐着，或站立。画面中心的女子身体微微倾斜，头转朝右部。其后的文字说明，揭示了人物的身份，黄帝元妃——嫘祖。关于嫘祖的文字表述是这样的：

> 嫘祖为西陵氏之女，黄帝之元妃，也内襄帝德，外布坤型。时集民间妇女，教以育蚕治丝，制衣织锦及各妇职等事，故蚕桑缝纫之学，嫘初为中国发明鼻祖，虽外洋近尚新奇，亦未始非本于我国也。

这段文字主要介绍了嫘祖的历史功绩，并将其视为"蚕桑缝纫"的鼻祖，同时通过人物身份的表述，突出了嫘祖"内襄帝德，外布坤型"的功德。

　　1933 年 10 月《建国月刊》第九卷第四期《民族主义专号上册》第 1 页至第 5 页分别刊登了黄帝人物图像、黄帝庙全图及陵墓的全貌图、汉武仙台等，并配有详细的文字说明。此刊物袭用《江苏》报刊所刊登的黄帝图像，从该刊物所属性质来看，意在通过图像来树立民族的认同。两年后的 1935 年，国民党第一次公开对黄帝陵举行祭拜仪式。

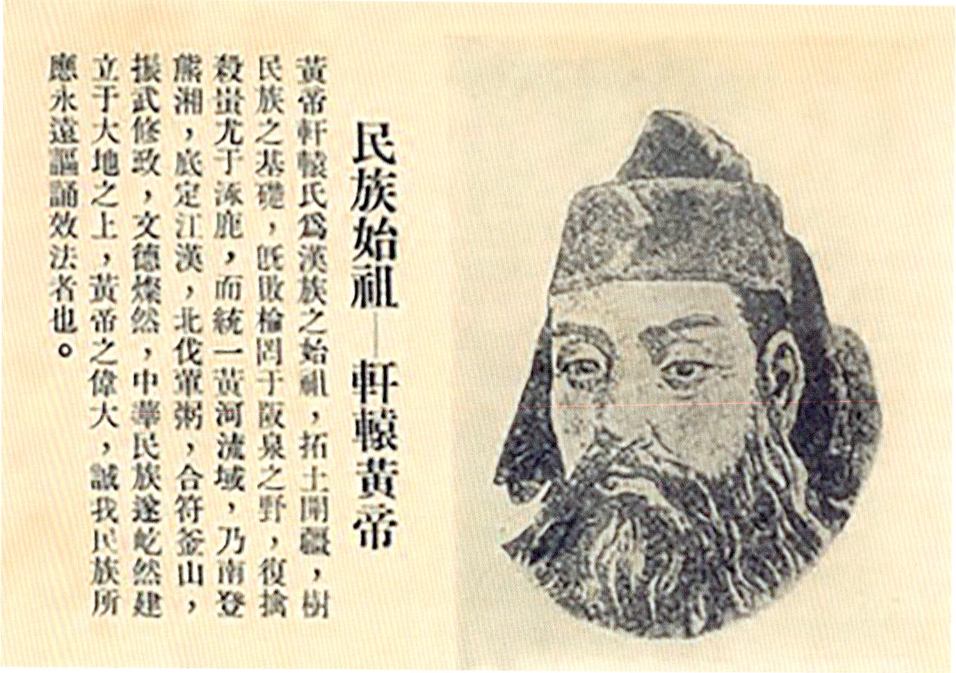

图 3-3-7　民族始祖——轩辕黄帝 ①

---

　　①　图片来源于华东师范大学图书馆"晚清期刊全文数据库"：https://www.cnbksy.com。

图 3-3-8　黄帝庙及黄帝塑像 ①

①　图片来源于华东师范大学图书馆"晚清期刊全文数据库"：https://www.cnbksy.com。

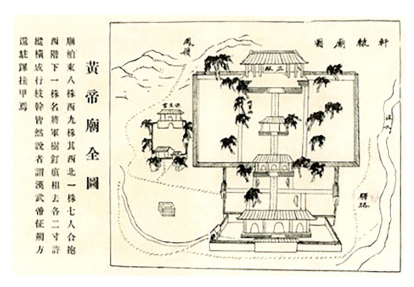

图 3-3-9　黄帝庙全图 ①

图 3-3-10　黄帝及陵黄帝庙全图 ②

① 图片来源于华东师范大学图书馆 "晚清期刊全文数据库"：https://www.cnbksy.com。其底本为清嘉庆年间《中部县志》卷一轩辕庙图。

② 图片来源于华东师范大学图书馆 "晚清期刊全文数据库"：https://www.cnbksy.com。

图 3-3-11　汉武仙台与黄帝庙内千年古柏 [①]

　　从《建国月刊》所刊登的黄帝图像来看，此图与此前报刊所载的图像为同一幅。在此图中，左半部分为文字表述，右半部分为黄帝人物形象。在文字表述上，该报刊通过叙述"拓土开疆""阪泉之战""涿鹿之战"等历史功绩，来宣扬其"统一黄河流域""树民族之基础"而成为"民族始祖"的独特身份。其后所刊登的黄帝庙及陵墓的全图，则表现了黄帝陵中的汉武仙台和黄帝庙中的柏树，突出了黄帝陵悠久的历史。

---

①　图片来源于华东师范大学图书馆"晚清期刊全文数据库"：https://www.cnbksy.com。

图 3-3-12　黄帝的故事 ①

　　此图像以连环画的形式刊登于 1935 年《我的画报》第三卷第十四期第 5 页，此图中，黄帝是以武士的形象出现。他手持红缨枪，身穿铠甲，头戴军帽，领兵征战敌人。从文字来看，尤其是从黄帝征战遇大雾造指南车的表述来看，我们可以推测，作者着意表现的是黄帝征战蚩尤的故事情节，由征战蚩尤而一统全国。

---

　　①　图片来源于华东师范大学图书馆"晚清期刊全文数据库"：https://www.cnbksy.com。

（二）黄帝帝王人物形象

除了上述黄帝武将形象外，面向儿童妇女等大众通俗读物在讲述"黄帝乘龙升天""黄帝梦游华胥国"等黄帝神仙故事时，仍然保留了传统的帝王形象。

图 3-3-13　黄帝驭龙飞升 ①

此图刊登于 1917 年《少年》杂志第七卷第四期"四月画历"栏目。图中所表现的内容就是取自于"黄帝驭龙飞升"的典故。因为该画历为少年儿童画历，因而整体画风略显稚嫩。此图可以分为左右两个部分，左边是文字表述，右边为图像。图中的黄帝延续了明清以来的帝王形象，他头戴冠旒，仰视前方，骑乘在龙的身上。而黄帝的身旁是一群侍臣，他们肢体动作各异，但都朝着黄帝飞升的方向望去。

---

① 图片来源于华东师范大学图书馆"晚清期刊全文数据库"：https://www.cnbksy.com。

图 3-3-14　黄帝梦游华胥国 [1]

　　此图像刊登于 1926 年《儿童世界》第十七卷第八期第 14 页，是胡怀琛所写《中国神话——黄帝游华胥国》一文的配图，通过讲述黄帝梦游无官民尊卑之分的华胥国，表达了道家"无为而治"的思想主张 [2]。图中黄帝头戴冠旒，留着长长的胡须，依旧是帝王形象，右手撑着头，肘部靠在几台上，正在梦游华胥。

---

　　[1]　图片来源于华东师范大学图书馆"晚清期刊全文数据库"：https://www.cnbksy.com。
　　[2]　黄建军：《列子译注》，商务印书馆 2015 年版，第 29 页。

图 3-3-15　黄帝及历史上民族英雄画像 ①

　　此图像刊登于 1940 年 4 月《青年良友》第四期第 24 页，与 1940 年 1 月 1 日《兴建》第一卷第四期刊登内容相似。不同之处在于，刊物刊登的形式、人物形象和版面设计上存有差异，整体比较粗糙。

---

① 图片来源于华东师范大学图书馆"晚清期刊全文数据库"：https://www.cnbksy.com。

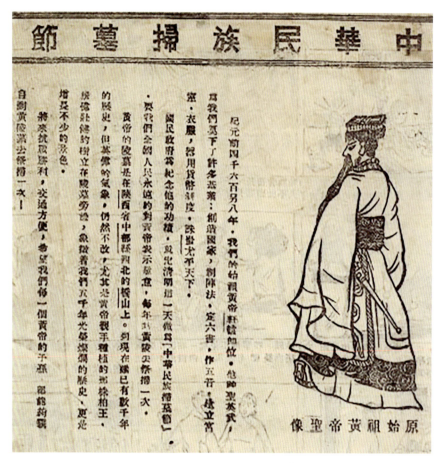

图 3-3-16　原始祖黄帝圣像 [1]

　　此图像刊登于 1941 年《大众画报》第二十八期第 1 页。与以往刊物所刊登的黄帝画像不同的是，该刊并没有从正面展现黄帝人物形象，而是通过绘制侧身的黄帝像来表现人物形象。图中黄帝头戴冠旒，身着华服，双手自然下垂，头微微左侧。在人物的正上方，写着"中华民族扫墓节"几个大字。在图片的左部，则较为详细地介绍了黄帝的历史贡献，包括"创制国家、制针法、定六书、作五音"等。同时，该图像也介绍了黄帝陵墓的地理方位，并在字里行间表达了对抗战胜利的殷切期盼，反映了一定的社会现实。

---

　　① 图片来源于华东师范大学图书馆"晚清期刊全文数据库"：https://www.cnbksy.com。

（三）黄帝道家人物形象

近代以来，黄帝还有明显的道家形象存在，黄帝身着平民之衣，眼神慈祥，手持玉圭，一副修仙模样。象征帝王的冕旒、通天冠等不再出现。但是，配以文字报道时，常使用"科学家"一次来形容其发明创造方面的伟绩。这也反映了当时"科技兴国"、向西方学习的思想。

黄帝，古代東方科學家之一。
相傳著有黄帝內經素問一書。

图 3-3-17　黄帝图像 [①]

此图像刊登于 1936 年 9 月 25 日《科学世界（南京）》第五卷第九期第 760 页，并配文将其誉为"古代的东方科学家之一"。图中的黄帝颜目慈祥，留着浓密的胡须，双手持拿玉圭，头微微转向左侧。在人物的正下方写着："黄帝，古代東方科學家之一，相傳著有黄帝內經素問一書。"将黄帝视为科学家，反映了人们对黄帝在历史发明创造中的功绩的认可。

[①]　图片来源于华东师范大学图书馆"晚清期刊全文数据库"：https://www.cnbksy.com。

（四）国共合作祭祀黄帝

1931 年，抗日战争爆发。中国面临内忧外患的局势，经历第一次国共合作后，在严峻的形势下，1937 年清明节 4 月 5 日，国共两党主要领导人一同合祭黄帝陵，这成为国共第二次合作的前奏，具有标志性意义。国共两党合祭黄帝陵，并立下纪念碑文，这个重大新闻被各大报纸报道。1937 年 4 月 6 日，《新中华报》第三版刊发《苏维埃代表林伯渠参加民族扫墓典礼》一文。

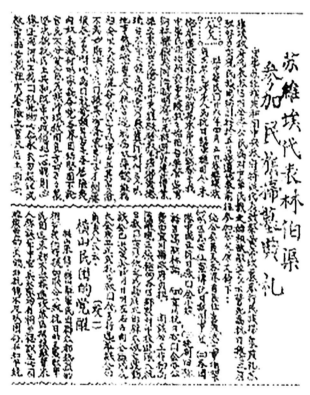

图 3-3-18　苏维埃代表林伯渠参加民族扫墓典礼 [①]

另外，《新中华报》第三版刊发《苏维埃代表林伯渠参加民族扫墓典礼》一文，摘录毛泽东同志亲手书写的祭文。

[①]　图片来源于华东师范大学图书馆"晚清期刊全文数据库"：https://www.cnbksy.com。

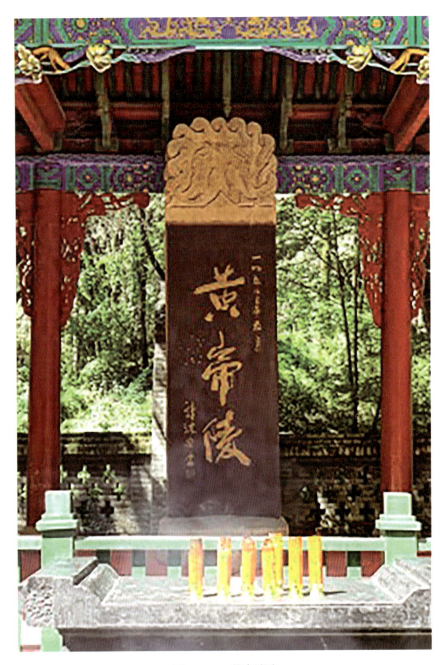

图 3-3-19 黄帝陵碑

图 3-3-20　毛泽东手书祭黄帝陵文稿碑 ①

　　此文稿碑存放于今陕西黄陵县黄帝陵碑亭左侧，由毛泽东撰写。祭文情感真挚，情绪激昂，表达了民族团结抗日、抵御外敌入侵的豪情壮志。

---

① 李学勤，张岂之主编：《炎黄汇典·图像卷》，吉林文史出版社 2002 年版，第 22 页。

三、民国初年钱币黄帝像

在民国初年所发行的兑换券上，同样印有黄帝的形象。民国政府成立以后，为了规范货币市场秩序，规定"全国纸币均由中国银行发行，各省官银行号不得再发纸币"。而市场上原有的货币币值繁多，恶币充斥，因而决定采用"领用暗记券制度"，以兑换券的方式来规范货币市场秩序[1]。而纸币正面的人物，正是黄帝。

（一）中国银行兑换券

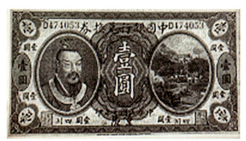

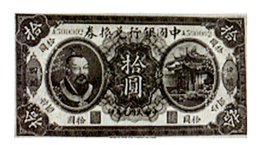

图 3-3-21　中国银行兑换券 [2]

① 马长伟、姚会元：《民国时期纸币发行中的领券制度及其启示》，《国际金融研究》2014 年第 2 期。

② 曾繁模、李玲：《老重庆影像志·老纸票》，重庆出版社 2013 年版，第 58—60 页。

（二）加盖地方字样的中国银行兑换券

1. 壹圆券

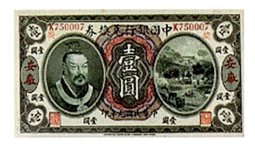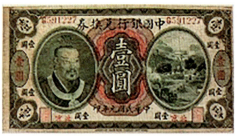

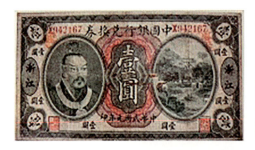

图 3-3-22　民国元年（1912 年），加盖地方字样的中国银行壹圆兑换券 ①

　　以上是流通于北京、河北、浙江、山东、陕西等地的壹圆兑换券，在这些兑换券上，我们可以清晰地看到这些兑换券的相似与不同之处。相似之处在于券面均印有黄帝的图像和同样的火车山庄图，背面为河树风景图，不同之处在于加盖的字样及券面的标号。

① 张安生：《中国历代纸币展图集》，中国金融出版社 2009 年版，第 196、197 页。

2. 伍圆券

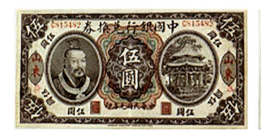

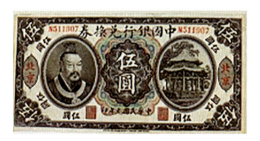

图 3-3-23 民国元年（1912 年），加盖地方字样的中国银行伍圆兑换券[①]

　　从流通于山东、安徽、北京等地的伍圆兑换券来看，这些兑换券的相似之处，同样在于券面均印有黄帝的图像及重檐八角凉亭图，背面背景为颐和园万寿山图，不同之处在于加盖的字样及券面的标号。

---

① 张安生：《中国历代纸币展图集》，中国金融出版社 2009 年版，第 198 页。

3. 拾圆券

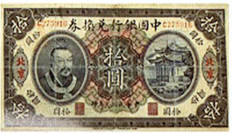

图 3-3-24　民国元年（1912 年），加盖地方字样的中国银行壹圆兑换券 ①

4. 中国银行贰拾圆、伍拾圆兑换券

图 3-3-25　民国二年（1913 年），中国银行贰圆、伍拾圆兑换券 ②

从这一时期所发行的壹圆、伍圆、拾圆、贰拾圆及伍拾圆的兑换券来看，人物形象具有较强的统一性和规范性，基本延续了黄帝帝王的形象。券面上的黄帝

---

① 张安生：《中国历代纸币展图集》，中国金融出版社 2009 年版，第 199 页。
② 张安生：《中国历代纸币展图集》，中国金融出版社 2009 年版，第 201 页。

形象端正，庄严肃穆，头戴玉笈，身穿华服，留有长长的胡须，凝视着前方。这种统一性和规范性最大程度地避免了伪造券的产生，从而具有较好的辨识度。

以上就是近代以降黄帝图像叙事的主要表现形式。从黄帝图像演变的轨迹来看，人物形象是多元的，并没有遵照统一的标准。但是，同一幅图片在不同的报刊中反复引用，在某种程度上反映了一定时期社会思想观念的变迁，特别是近代西方思潮对中国的影响，黄帝成为构建民族认同的象征。

从各报刊的刊载来看，黄帝图像的演进路线是复杂的，但正是这一复杂性构成了黄帝图像的谱系，无论是武将人物形象，还是帝王人物形象，抑或是道家人物形象，黄帝始终发挥着重要的象征作用，他象征着抗争、整体、规范和统一。我们从图像和文字的表述中，能够确切地感知对整体、规范和统一的强调。

第四节　当代黄帝陵庙图像景观

一、概述

当代黄帝陵庙的图像景观是指人们为了纪念和歌颂黄帝伟大功绩而树立的，如雕塑、碑文、壁画、浮雕等，是具有强大叙事功能的景观载体。这些人文景观依靠黄帝陵寝、黄帝庙宇、黄帝纪念馆等场所而存在，按照一定的逻辑顺序构成景观谱系。这些人文景观为我们了解黄帝人物及其历史功绩提供了现实的材料，在一定程度上加深了对黄帝创世神话的认识。

黄帝陵寝是黄帝死后安葬的地方，也是人们祭祀黄帝的重要场所。在历史上，有关黄帝陵寝的记载有好几处，其地点众说纷纭，莫衷一是①。陕西黄陵县黄帝陵因唐以降被列入官方祀典及国共合作期间举行公祭轩辕黄帝典礼而成为世人公认的黄帝陵。时至今日，陕西黄帝陵仍是海内外炎黄子孙寻根问祖的地方，是中华文明和中华民族起源的重要象征。

黄帝庙宇是以轩辕黄帝为中心，通过树立黄帝及其配偶、侍臣的人物塑像景观来达到供奉和崇拜轩辕黄帝目的而建立的重要场所。这些庙宇在全国各地均有分布，有一些是历史遗留下来的遗址，后经修缮而延续至今，另一些则是民间自发组织修建而为人们所知晓②。黄帝庙宇在民众的日常生活中发挥着重要作用，成为人们表达精神诉求的重要场所。同时，黄帝庙宇景观都指向了黄帝作为人文初祖的历史地位，成为倡导民族团结、加强民族教育的重要场所。

黄帝纪念馆是为了展现黄帝人物的生平、发明创造及征战部落等故事而设立

---

① 主要有位于今陕西黄陵县黄帝陵、甘肃正宁黄帝冢、河南灵宝荆山黄帝陵、河北涿鹿黄帝陵及北京平谷区黄帝陵五处。

② 这类庙宇主要有陕西黄陵县黄帝陵景区内轩辕殿、甘肃清水县轩辕殿、西安市未央区轩辕殿、河南灵宝市黄帝铸鼎塬景区内始祖殿、河南新密市黄帝宫、新密市马脊岭三皇庙及新密市天仙庙、河南具茨山轩辕庙、河南济源市王屋山轩辕殿、河南扶沟县轩辕殿及山西阳曲县轩辕庙、山西阳泉市河底镇轩辕庙、山西曲沃县义城黄帝庙等。在我国南方地区，则有浙江缙云仙都黄帝祠、苏州市吴中区东山镇轩辕宫、苏州市姑苏区轩辕宫、湖北宜昌西陵山嫘祖庙等庙宇。

的具有纪念、教育和宣传作用的文化场所。这类纪念馆以塑像、浮雕、壁画、音像等为载体，表现形式多种多样，展示内容丰富多彩，集中体现了黄帝人物形象、历史地位及功绩，对展示黄帝创世神话、宣传黄帝文化具有重要作用①。

除了上述几类场所的图像景观以外，还有一类是属于道观、佛寺等宗教类场所图像景观。在这类场所里，同样具有表现黄帝人物形象的塑像、浮雕和壁画，体现出黄帝图像景观的混杂性。主要有甘肃平凉崆峒山景区内问道宫、广西南宁江南区福建园街道黄帝庙、广东潮阳东山黄帝庙及中国台湾省桃园黄帝雷藏寺黄帝大庙等。其中，广东潮阳东山黄帝庙还将黄帝作为医药始祖、纺织业始祖祭拜。

从当代黄帝陵寝、庙宇图像景观的地理空间分布来看，这些景观主要集中于我国的北方黄河流域，大致呈现出从甘陕交界一带向东，沿黄河流域呈横向带状集中分布的特点，在一定程度上反映了黄帝创世神话的流传和分布范围，大致与古代文献记载相吻合。而在南方地区，则呈现出零散分布的特点。

通过实地的田野调查，我们发现，黄帝图像景观尽管在当代呈现出多种多样的特点，但是这些景观大体指向了一个共同的主题，即突出黄帝作为中华民族的人文始祖。因此，在基于田野调查和已有材料基础之上，本书选取了一些具有代表性的黄帝陵寝、庙宇和纪念馆等图像景观，以便能够反映出黄帝创世神话的景观谱系。由于时间和精力有限，本书所反映的仅仅是部分陵寝、庙宇及其纪念馆的图像景观。有些地区的图像景观资料无法获取，仅作文字说明。

---

① 这些纪念馆主要有陕西黄陵县中华始祖堂、陕西富平县中华郡文化旅游景区始祖殿、河南新郑黄帝故里及河北涿鹿黄帝城遗址文化旅游区等。

二、黄帝陵寝图像景观

（一）陕西黄陵县黄帝陵图像景观

图 3-4-1　黄帝陵方位示意图（清嘉庆二十年《中部县志》刊）①

　　汉代，桥山是祭祀黄帝的重要场所②。唐代宗置庙轩辕黄帝陵，黄帝陵庙祭祀成为国家常规祀典③。明太祖根据历史典籍的记载，考证出黄帝陵在陕西中部县（今黄陵县）桥山，并在此后派朝廷官员赴黄帝陵进行祭祀④。陕西黄帝陵成为祭祀黄帝的重要场所。此图较为详细地记录了清代嘉庆年间黄帝陵周边的地理环境、山川道路、河津桥梁及县邑城池、佛寺禅院等自然和人文景观，从整体上对黄帝陵周边的地理环境做了考察，突出黄帝陵特殊的地理方位。

---

①　鲁谆、丁丕光主编：《炎黄汇典》，吉林文史出版社 2002 年版，第 3 页。

②　司马迁：《史记·封禅书》，中华书局 1962 年版，第 1396 页。

③　何炳武、方光华：《黄帝的祭典》，三秦出版社 1998 年版，第 29、30 页。

④　王旭瑞：《历史之为记忆：黄帝祭祀的流变》，《社会科学评论》2007 年第 2 期。

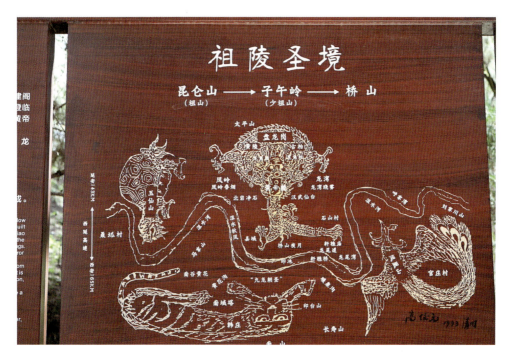

图 3-4-2　祖陵圣境（张毅　摄）

黄帝陵及周边地理图，人们将桥山看作龙脉龙岗，黄帝的陵寝就处在龙口之处。登上盘龙岗，向南望去，山形走势恰似卧虎；向东望去，是展翅腾飞的凤凰，"凤鸣于此"；向西而望，则有玉仙山，形状酷似万年龟，龟背隆起、龟爪清晰可见，生动形象地反映了黄帝陵的神圣性。

图 3-4-3　黄帝陵碑（张毅　摄）

　　此图为黄帝陵寝前祭亭碑刻，位于桥山山顶正中央。碑文后方是黄帝的坟墓，四周用砖夯实，形成墓冢。1958 年，郭沫若题写"黄帝陵"三个大字。左右书各楹联，分别是：中华国脉承龙脉，黄帝英魂壮民魂。奠华夏宏大业基始祖恩德泽万世，树炎黄浩然正气民族精神炳千秋。

图 3-4-4　黄帝陵碑（张毅　摄）

　　黄帝陵寝正大门，此碑位于轩辕殿的西部山麓。在黄帝陵内，还有"汉武仙台"遗址，与汉武帝祭祀黄帝陵有关。此外，主要景观还包括"桥陵圣境""天鼋神慧""中华姓氏祠堂""祭亭"及"驭龙阁"等。

图 3-4-5 轩辕殿正面（张毅 摄）

　　轩辕殿大殿整体由花岗岩铺砌修建而成，正殿供奉着黄帝浮雕。大殿两侧石柱上为两幅楹联，分别是：人文初祖功德辉煌冠盖群伦泽后世，黄帝子孙团结自强雄振华夏慰先灵；祭始祖继宏志重振九州画卷，仰将来齐鼓桨共创龙裔家园。

图 3-4-6　轩辕殿内供奉黄帝浮雕像（张毅　摄）

　　该浮雕像以山东武梁祠黄帝蚀刻画像为蓝本，材质为福建花岗岩。雕像像高
4.1 米，宽 2.92 米，展示出黄帝作为华夏先祖的威严面容。

图 3-4-7　轩辕殿前黄帝手植柏（张毅　摄）

《古今图书集成》记载：中部县有轩辕柏，在轩辕庙。考之杂记，乃黄帝手植物，围二丈四尺，高可凌霄。此树高 19 米，胸径 11 米，树龄有 5000 多年，为群柏之冠，被国际柏树专家誉为"世界柏树之父"。相传黄帝亲手种植，因而称之为"黄帝手植柏"。

图 3-4-8　香港回归纪念碑 ①

此碑由香港特别行政区首任行政长官董建华题写。1998 年 4 月 5 日，香港回归祖国后第一个清明节立。

① 图片转引自李学勤、张岂之主编：《炎黄汇典·图像卷》，吉林文史出版社 2002 年版，第 24 页。

图 3-4-9 澳门回归纪念碑 ①

　　此碑由澳门特别行政区首任行政长官何厚铧题写。2000 年 4 月 4 日，澳门回归祖国后第一个清明节立。

---

①　图片转引自李学勤、张岂之主编：《炎黄汇典·图像卷》，吉林文史出版社 2002 年版，第 25 页。

图 3-4-10　毛泽东手书祭黄帝陵文稿碑 [1]

　　此文稿碑存放于今陕西黄陵县黄帝陵碑亭左侧，由毛泽东撰写。祭文情感真挚，情绪激昂，表达了民族团结抗日、战胜外敌入侵的豪情壮志。

---

[1]　图片转引自李学勤、张岂之主编：《炎黄汇典·图像卷》，吉林文史出版社 2002 年版，第 22 页。

图 3-4-11　孙中山祭词碑（张毅　摄）

　　此纪念碑位于碑亭左侧，碑文由孙中山题写。1912 年 3 月，孙中山先生专门委派要员前往桥山祭祀轩辕黄帝，并题写祭文，展现出了强烈的自豪感。

图 3-4-12 邓小平题词碑（张毅 摄）

此纪念碑位于碑亭右侧，碑文由邓小平题写。碑高 2.80 米，宽 0.98 米。"炎黄子孙"突出了中华民族共同的人文始祖，是凝聚中华民族力量的强大纽带。

图 3-4-13　人文初祖殿（张毅　摄）

　　人文初祖殿是轩辕庙的正殿，坐落在庙院的最北端。该殿最早建于明代，后有修缮。大门顶部有隶书书写的"人文初祖"四字匾额，由为爱国名将程潜于1938年祭陵时所题。殿前门柱上配有一副对联："祖功泽百世，宗德润千秋。"

图 3-4-14 人文初祖殿内供奉 黄帝浮雕（张毅 摄）

该浮雕以山东武梁祠汉画像石为蓝本制作，高 3.9 米，宽 3.3 米，存放于大殿正中木质壁龛内。

图 3-4-15　人文初祖殿西侧宫室　轩辕黄帝铜像（张毅　摄）

　　该铜像位于人文初祖殿西侧宫室正殿，人物正襟危坐，神态威仪，庄重肃穆。留着长长的胡须，目光注视前方，眼睛炯炯有神，头戴皇冠，衣着简朴，左领右衽，俨然开创万物、发明奠基的帝王形象。

图 3-4-16　黄帝陵广场　宝鼎台（张毅　摄）

　　该鼎位于黄帝陵广场宝鼎台，命名为"中华神天鼎"。鼎由"神舟七号"载人飞船残骸与青铜配铸而成，高 3.5 米，重 6 吨，圆腹、两耳、三足，雄浑厚重。台基篆刻"华夏情民族魂"六字，表达了炎黄子孙血肉相融的民族情感。

图 3-4-17　黄帝发明"指南车""记里鼓车"浮雕（张毅　摄）

　　传说黄帝造指南车破迷雾阵，擒杀蚩尤；黄帝大臣九天玄女发明记里鼓车，计算路程。浮雕左侧为指南车，右侧为记里鼓车。浮雕表现了黄帝时期的发明创造，突出了黄帝创造万物的历史功绩。

图 3-4-18 嫘祖养蚕制衣 塑像（张毅 摄）

　　相传黄帝娶西陵氏之女嫘祖为妻，嫘祖养蚕缫丝制衣，功绩卓然。该雕塑取自于嫘祖缫丝的故事，半跪的形态象征其向黄帝展示养蚕制衣的成果。雕塑前是一口井，相传井由黄帝时期大臣伯益发明。井的发明创造为人类提供了水源，而水成为了染织衣物的重要资源。

图 3-4-19　黄帝陵广场　伶伦造音塑像（张毅　摄）

伶伦是黄帝的乐官，专司音律。相传黄帝令伶伦造律，伶伦取懈谷之竹，发明了音乐。该雕塑取材于伶伦取懈谷之竹发明乐器、创制音乐的故事。伶伦半跪着，双手托着竹制乐器，向黄帝展示其创造成果。

图 3-4-20　黄帝陵广场　仓颉造字塑像（张毅　摄）

　　仓颉是黄帝的史官，他发明了文字，为文字始祖。他广泛收集民间图画，加以整理，创造出象形文字，为华夏文明的延续，特别是历史典籍的书写提供了重要的"原材料"。

图 3-4-21　轩辕殿右侧碑廊石碑（张毅　摄）

此碑为高 1.82 米、宽 1.04 米、厚 0.95 米，2005 年刻立。碑文前半部分记载了黄帝的功德，后半部分则记录了当年台湾地区政党负责人访问大陆的事实，通过碑文，意在呼吁炎黄后人投身祖国建设、实现民族复兴的美好愿望。

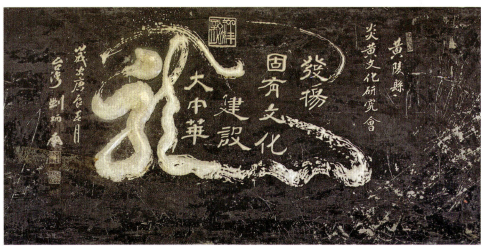

图 3-4-22　"龙"字纪念碑（张毅　摄）

　　两碑位于轩辕殿右侧碑廊，由台湾书画家刘炳南题写。"龙"不仅象征黄帝在桥山驭龙飞升，更突出了中国人是龙的传人，一脉相承，血脉相连。

（二）甘肃清水县轩辕祠、轩辕广场图像景观

历史文献记载，黄帝出生于甘肃清水县山门镇轩辕谷，在古代属于上邽地区。据郦道元《水经注》记载："帝生于天水，在上邽城东七十里轩辕谷。"又据《秦州直隶新志》载："帝生于轩辕之丘，名曰'轩辕'，今清水有轩辕谷。"《甘肃省通志》记载："轩辕谷，（清水）县东七十里，黄帝诞此。"这些文献，无不指向了清水县作为黄帝故里的基本事实。

在实地调研的过程中，我们发现，清水县着力打造全球华人寻根祭祖圣地，并配套建立起以黄帝文化为主题的公园和广场，以县城轩辕祠和轩辕广场为代表。2015 年，轩辕祠落成，成为弘扬轩辕文化的重要场所，并于建成当年举行了祭拜活动；轩辕广场是以轩辕黄帝塑像为中心的集休闲、娱乐为一体的市民公共活动场所，于 2006 年建成。

在清水县，轩辕祠和轩辕广场的黄帝塑像、壁画和浮雕构成了黄帝创世神话的图像景观叙事。除了上述两处地方外，还有山门镇轩辕谷三皇庙、轩王台子、轩辕窑等图像景观。因诸多原因，在实地调研中，我们并未前往轩辕谷。因此，本部分仅选取轩辕祠和轩辕广场的图像景观。

图 3-4-23 轩辕祠大殿（张毅 摄）

　　该轩辕祠位于甘肃省清水县县城，整个祠宇为仿古建筑，红墙白瓦，屋顶四角飞翘而起。正殿竖轩辕黄帝塑像一尊，左右墙壁为彩绘壁画。整座祠宇气势恢宏，充分展现了黄帝作为人文始祖的崇高地位。

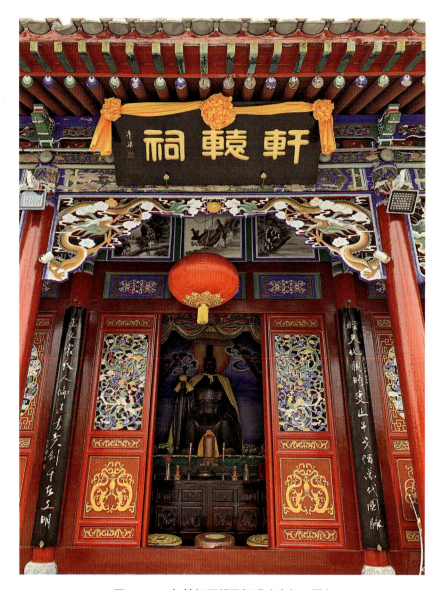

图 3-4-24　轩辕祠匾额及楹联（张毅　摄）

　　轩辕祠的正大门顶部悬挂一块"轩辕祠"匾额，门柱两侧为一对楹联，分别为：经天地顺时变止干戈传万代国脉，正衣裳叙人伦造书契创千古文明。

图3-4-25　轩辕祠大殿黄帝塑像（张毅　摄）

　　塑像位于轩辕祠大殿中部，图中黄帝形象威严高大，头戴冠冕，眼睛直视前方，右手执宝剑，左手置于左膝之上，正襟危坐，塑像的正前方是"人文始祖轩辕黄帝尊神位"。

图 3-4-26　轩辕祠大殿西侧壁画（张毅　摄）

　　该壁画主要由炎黄结盟、铸鼎荆山、驭龙飞升等故事情节构成，生动形象地展现了上古时期黄帝的发明创造和卓著功绩。

图 3-4-27　轩辕祠大殿东侧壁画（张毅　摄）

东侧壁画主要表现了黄帝时期的发明创造，如制造舟车，缫丝织布，发明音律、文字等，同时也绘制了黄帝降生时的情形。这些故事情节大多与黄帝及其大臣有关，反映了黄帝时期文化初创的重大成果。

图 3-4-28　清水县轩辕广场全貌（张毅　摄）

　　轩辕广场是以黄帝文化为主题的公共性文化场所，广场的北端是一尊高大的黄帝塑像，塑像前为三个大鼎。塑像的东侧是一尊铜质钟鼎，西侧则是一面大鼓。

图 3-4-29　轩辕广场黄帝塑像（张毅　摄）

该塑像全身通白，台基篆刻"轩辕黄帝"四个大字。像高 9 米，气宇轩昂，由国家雕塑大师潘绍棠雕刻制作。图中黄帝头戴王冠，右手执一把宝剑，左手掌心向下，微微伸向左前方，有平定天下之势。

（三）河南灵宝市荆山黄帝铸鼎原图像景观

荆山黄帝铸鼎原位于河南省灵宝市西 25 公里处阳平镇境内，是轩辕黄帝铸鼎祭天、奠定邦国、驭龙升天的地方。在历史上，荆山黄帝铸鼎原是祭祀轩辕黄帝的重要场所，也是黄帝陵墓所在地。

据《史记·封禅书》记载："帝采首山之铜，铸鼎于荆山下，鼎既成，有龙垂胡髯下迎黄帝。"荆山因而成为了人们寻根拜祖的地方。《大明一统志》卷二十九载："荆山，在阌乡县南二十五里，近有黄帝铸原，昔轩辕采首阳之铜铸鼎于此。"铸鼎塬由此而名。铸鼎塬存有唐贞元十七年（801 年）所立的《轩辕黄帝铸鼎碑铭并序》碑一块，为黄帝铸鼎的历史依据。同时，此碑也是全国迄今发现的最早的关于记载黄帝功绩的一通碑刻，是荆山铸鼎原悠久历史的见证。

荆山铸鼎原祭祀活动由来已久，是祭祀黄帝的重要场所。早在汉武帝时期，此处就已经修建鼎湖宫、太初祖庙等宫室。清代《纲鉴易知录·五帝纪》记载："帝采首山之铜，铸三鼎于荆山之阳。鼎成，崩焉，其臣左彻取衣、冠、几、杖而庙祀之。"清代后期，陵庙殿宇倾废，后经修缮保护，存续至今。

本部分在实地调研的基础之上，选取了一些较为重要的图像景观，这些景观反映了黄帝创世神话在当代的呈现。通过这些图像景观，我们能大致看出黄帝在当代所起的重要作用。

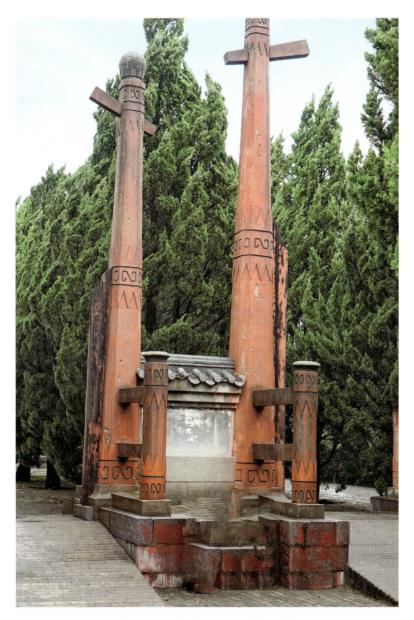

图 3-4-30　黄帝冢入口（张毅　摄）

黄帝冢入口，北部是黄帝的墓冢所在地，南部两侧则是一排排镇墓兽。

图 3-4-31　黄帝冢（张毅　摄）

　　该墓冢高 6 米，周长 42.5 米，四周由石砖修砌而成，用泥土夯实堆积成为小土丘。据传，黄帝死后葬此处。

图 3-4-32　驭龙阁遗址（张毅　摄）

　　该遗址位于河南灵宝市黄帝铸鼎原景区内部，始祖殿北侧，据传为黄帝驭龙飞升的地方。此阁历史上数遭焚毁，数次修缮，今仅存基址。

图 3-4-33 始祖殿全貌（张毅 摄）

　　始祖殿全貌，殿内供奉黄帝塑像，塑像右侧为祝融、大封、仓颉三人，左侧为左彻、后土和嫘祖。大殿书一副楹联：唯天为大惟黄帝创业最艰辛，唯地为广惟始祖恩德最厚重。

图 3-4-34 始祖殿匾额（张毅 摄）

　　该匾额位于始祖殿大门正上方，为木质匾额，书写有始祖殿三个字。匾额以黑色为底色，文字以金色为主。

图 3-4-35　始祖殿黄帝及大臣塑像（张毅　摄）

　　该始祖殿正殿塑像，塑像为黄帝及其大臣。中间最高的塑像为黄帝，黄帝的左侧分别是仓颉、大封和祝融，右侧分别为左彻、后土和嫘祖。

图 3-4-36　始祖殿黄帝塑像（张毅　摄）

图中黄帝塑像气宇轩昂，头戴冠冕，目光注视前方，身穿龙袍，双手搭在腿上，正襟危坐。

图 3-4-37　荆山黄帝铸鼎原山门（张毅　摄）

　　荆山铸鼎原山门，是通往始祖殿及黄帝冢的必经之处。该处北部为始祖殿，南侧正对景区行道。正门两侧有一对楹联：浩荡黄河九曲破门射海湖成盆地，苍莽昆仑东迤发流奔河土聚鼎原。

图 3-4-38　荆山黄帝铸鼎原匾额（张毅　摄）

匾额悬挂于荆山黄帝铸鼎原山门正大门上方，匾额以黑色为底色，金色为字体颜色，书写"荆山黄帝铸鼎原"七个大字。

图 3-4-39　荆山黄帝铸鼎原广场石柱（张毅　摄）

石柱位于铸鼎原山门前广场两侧，为四棱柱纪念塔，塔上雕刻黄帝发明舟车、仓颉造字、嫘祖养蚕和黄帝率领部落征战等故事，表现了黄帝的历史功绩。

图 3-4-40　帝铸鼎原残碑（张毅　摄）

　　该残碑位于始祖殿右侧碑廊，据文献记载，此碑原为邑仁侯胡老爷捐俸施茶万姓感戴碑。清康熙三十七年（1699 年），此碑上部被磨成圆顶，背面刻上"感戴碑"三字。现存碑高 1.3 米，宽 0.7 米，厚 0.18 米[①]。

---

① 许海星、杨海青：《三门峡考古文集》，中国档案出版社 2001 年版，第 188 页。

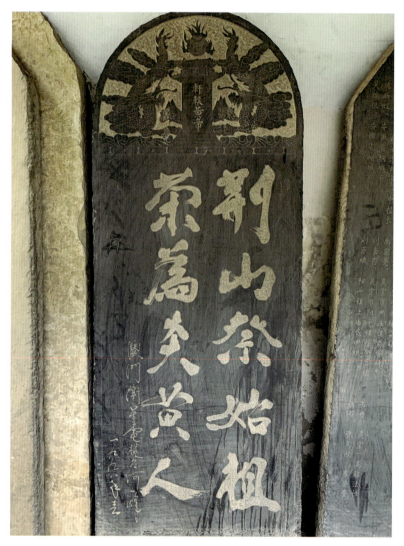

图 3-4-41 "荆山祭始祖，荣为炎黄人"石碑（张毅　摄）

该石碑位于轩辕殿右侧碑廊，碑面以黑色为底色，石碑正上方中部题有"轩辕黄帝"四字，碑面正文则题有"荆山祭始祖，荣为炎黄人"字样。落款为：澳门卫星电视台何一峰，一九九八年春。

图 3-4-42　石道左侧碑文（张毅　摄）

　　该碑文位于荆山铸鼎原山门前石道左侧，为重修荆山黄帝陵纪念碑。落款为"阳平镇人民政府，公元一九九五年三月九日立。"

图 3-4-43　石道右侧碑文（张毅　摄）

　　该碑文位于荆山铸鼎原山门前石道右侧，为轩辕黄帝铸鼎碑铭。碑体以黑色为底色，阴刻小篆，称颂黄帝铸鼎功绩。

（四）北京平谷区轩辕黄帝陵图像景观

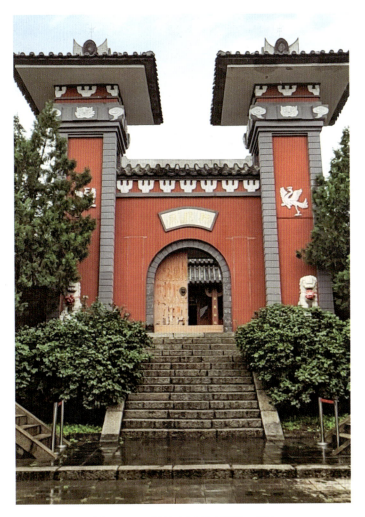

图 3-4-44　轩辕庙正门（蒋凡　摄）

明代蒋一葵《长安客话》中记载："世传黄帝陵在渔子山，今平谷县东北十五里，冈阜窿然，形如大冢，即渔子山也，其下旧有轩辕庙。"刊刻于万历二十一年的《顺天府志·山川》记载："渔子山，平谷县东北十五里，传为轩辕黄帝陵，有轩辕庙。"此为轩辕庙正门。

图 3-4-45　三皇殿（蒋凡　摄）

　　三皇殿是供奉黄帝、炎帝和伏羲的宫殿，因其历史上的伟大功绩而受到人们的供奉，被誉为"人文始祖"。

图 3-4-46　三皇殿门前匾额及楹联（蒋凡　摄）

　　三皇殿门前匾额和楹联。匾额以黑色为底色，文字以黄色为主。门口两侧的柱子上，悬挂"华夏始祖，普天同庆"的字样。

图 3-4-47　三皇殿塑像（蒋凡　摄）

　　三皇殿正殿塑像，中间为黄帝塑像，左侧为炎帝，右侧为伏羲。黄帝塑像的正上方，是一块"人文始祖"匾额。两侧分别悬挂楹联，从右至左分别为：功莫伟物奠基华夏，德莫大物泽彼九州；业莫崇物开疆拓土，绩莫高物肇启文明。

图 3-4-48　三皇殿内黄帝像（蒋凡　摄）

该形象延续了明清以来的帝王形象，图中黄帝头戴冠旒，宝剑傍身，正襟危坐，塑像前是黄帝之神位。

图 3-4-49　明代重建庙宇纪念碑（蒋凡　摄）

　　1993 年，北京市文物研究所与平谷县文化文物局联合对轩辕庙遗址进行考古发掘。从考古发掘来看，该地确实存在被日寇烧毁的清代黄帝庙基址。文献资料表明，该庙宇在上世纪 30 年代保存完好，香火旺盛，后不幸被侵华日军纵火烧毁，仅存明代"重修轩辕庙记"残碑。明代残碑的出土，表明了该黄帝陵悠久的历史。

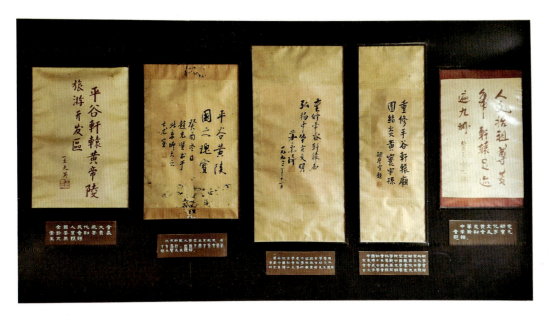

图 3-4-50　各界著名人士题词（蒋凡　摄）

该图展示的是各界著名人士对黄帝陵的题词，虽然题词内容各异，但中心思想表达了黄帝对于中华民族和文化文明的重要性。从题词数量来看，强调了平谷区黄帝陵的重要性。

三、黄帝庙宇图像景观

（一）陕西西安未央区轩辕殿

图 3-4-51　轩辕殿正面（张毅　摄）

　　该殿位于陕西西安市未央区兴泰七街 168 号正北方向 180 米，殿内有黄帝塑像，供人们尊崇和朝拜。建筑装饰精美，色彩艳丽，飞檐斗拱。中心有一块匾额，用篆书书写"轩辕殿"三个大字。

（二）河南新密黄帝宫景区

新密黄帝宫是又一处与黄帝有关的文化旅游景区，被誉为"中华人文始祖圣地"。景区内主要景点有黄帝宫殿、风后八阵兵俑、嫘祖殿等。相传约5000年前，黄帝在此建立宫殿、筑台拜将，与风后研创了我国最早的八阵兵法，开创了华夏一统基业。

图 3-4-52　轩辕殿（张毅　摄）

该大殿内供奉轩辕黄帝塑像，塑像两侧是彩绘壁画，展现了黄帝在开创中华文明上的贡献。大殿前有四座石碑，分别是：邓小平题"炎黄子孙"碑文，江泽民手书"中华文明，源远流长。"碑，重修黄帝宫记碑，以及风后八阵图记。

图 3-4-53　嫘祖殿（张毅　摄）

　　该大殿供奉嫘祖塑像，相传黄帝娶西陵氏之女嫘祖为妻，嫘祖养蚕缫丝制衣，被后世称为"先蚕"。

图 3-4-54 嫫母殿（张毅 摄）

该大殿供奉嫫母塑像，相传嫫母为黄帝的次妃，嫫母发明了镜子。

图 3-4-55　轩辕正殿内黄帝像（张毅　摄）

　　该塑像延续了明清以来的帝王形象，黄帝头戴冠旒，正襟危坐，身后是彩绘龙形壁画，体现了黄帝的独特地位。

图 3-4-56 祖师殿（张毅 摄）

　　该殿据说建于清代，是供奉广成子的地方。相传，黄帝曾问道广成子，广成子授黄帝《道戒经》七十卷、《自然之经》一卷、《阴阳经》一卷。

图 3-4-57　《风后八阵图记》碑（张毅　摄）

　　出土于黄帝宫大殿西侧，碑文由唐朝左拾遗独孤及撰文，文中详细记载了黄帝与风后研发创造八阵图，对后来的军事产生重要影响①。

---

　　①　中共新密市委史志办公室编：《新密市历史大事记（2002—2005）》，中共新密市委史志办公室2006年版，第103页。

（三）河南新密马脊岭三皇庙

图 3-4-58　马脊岭三皇庙（杨建敏　摄）

该殿位于河南新密市马脊岭，殿内供奉轩辕黄帝和嫘祖塑像。当地人确信，黄帝生于新密东 25 里曲梁乡大樊庄一带，即今马脊岭一带。

图 3-4-59　三皇庙黄帝、嫘祖塑像（杨建敏　摄）

相传黄帝居轩辕之丘，娶西陵氏嫘祖为妻，嫘祖养蚕缫丝，教妇女织布制衣。

（四）河南新密天仙庙

图 3-4-60 天仙庙始祖殿（杨建敏 摄）

河南新密市天仙庙始祖殿，是供奉轩辕黄帝塑像的重要场所。殿门的匾额上，题写着"始祖殿"三个大字，突出了黄帝作为中华文化始祖的角色作用。

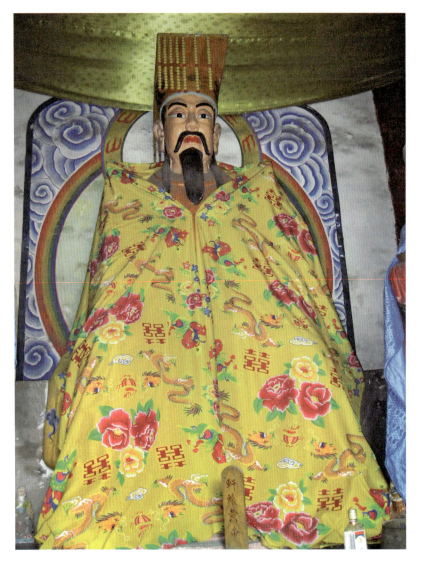

图 3-4-61　始祖殿黄帝塑像（杨建敏　摄）

（五）河南具茨山黄帝文化旅游区

具茨山，又名始祖山，位于新郑市区西南 15 公里处的辛店镇境内，是以黄帝文化为核心的旅游区，也是全国侨联爱国主义教育基地。

历史上，有关具茨山的记载可见于《庄子·徐无鬼》和郦道元《水经注》中。《庄子·徐无鬼》载："黄帝见大隗于具茨之山。"《水经注》则记载："黄帝登具茨山，升于洪堤上，受《神芝图》于华盖童子，即是山也。"可见，具茨山与黄帝有着密切的关联。

具茨山自古以来就建有轩辕阁、风后祠、嫘祖庙、黄帝大宗祠、黄帝避暑宫等宫室。其中，每年阴历三月三朝顶拜祖的盛大节日活动，举行地点就在具茨山上。时至今日，具茨山仍吸引着海内外炎黄子孙登山朝拜，寻根问祖。

图 3-4-62　具茨山轩辕庙（田兆元　摄）

　　此庙始建于汉代，为歇山式建筑，坐西向东。每年三月三日，当地人在此举行盛大集会，共同祭拜轩辕黄帝。

图 3-4-63　轩辕庙匾额（田兆元　摄）

　　轩辕殿"人文初祖"匾额，1998 年，程思远先生书"人文初祖"四字作为匾额，悬挂至今。

图 3-4-64　殿内供奉黄帝像（田兆元　摄）

　　轩辕殿内黄帝塑像，该塑像一改以往黄帝帝王的形象，其形象更接近于部落首领。

图 3-4-65　鸳鸯台（田兆元　摄）

鸳鸯台是两块天然石头，相传为黄帝与嫘祖成婚之处。

（六）江苏苏州东山镇轩辕宫

图 3-4-66　轩辕宫（张毅　摄）

　　该轩辕宫位于江苏苏州市吴中区东山镇山坡之上，面朝太湖，气宇轩昂。轩辕宫始建于元代至元四年（1338 年），正殿供奉轩辕黄帝，上有匾额书"人文之祖"四个大字。

（七）江苏苏州姑苏区轩辕宫

图 3-4-67　轩辕宫（张毅　摄）

该处轩辕宫位于苏州市姑苏区祥符寺巷内。轩辕宫始建于北宋元丰元年
（1078 年），清代时为苏州著名的"四宫"之一①，宫内主要祭祀炎帝、黄帝及先
蚕圣母西陵氏。

---

① "四宫"即轩辕宫（仙机道院）、皇宫（万寿宫）、学宫（孔庙）、天妃宫。

（八）浙江缙云仙都黄帝祠宇

黄帝祠宇，原名缙云堂，位于浙江缙云仙都景区内，约建于东晋成帝咸和—咸康年间（即 326—342 年）。天宝七年（748 年）唐玄宗李隆基敕改缙云山为仙都山，为了纪念轩辕黄帝，缙云堂改名黄帝祠宇。黄帝祠宇结构上由三重院落组成，呈梯状由低到高分布，是江南祭祀黄帝的重要场所，与陕西黄帝陵形成"北陵南祠"的格局。

轩辕庙位于黄帝祠宇后，是供奉轩辕黄帝的大殿。

图 3-4-68　轩辕庙内黄帝像（唐睿　摄）

　　该黄帝像延续了明清以来的帝王形象，与正襟危坐的形象不同，该塑像突出表现了黄帝站立的状态。图中，黄帝手持玉圭，头戴冠旒，气宇非凡。

图 3-4-69　朝祖亭（孟令法　摄）

　　朝祖亭内是黄帝和嫘祖的画像石，亭的两侧石柱上是一副楹联："恩泽九州轩辕开地利，德被万世嫘祖赐民福。"楹联歌颂了黄帝和嫘祖的历史功绩。

图 3-4-70　黄帝、嫘祖画像石（孟令法　摄）

　　画像石表现了黄帝和嫘祖站立的状态，两人身后是象征着男女的龙和凤，寓意龙凤呈祥。

图 3-4-71　黄帝、嫘祖塑像（唐睿　摄）

　　该塑像表现了黄帝帝王形象的恢弘气势和嫘祖的端庄优雅。黄帝面前是千军万马，象征着征战沙场，似乎是征战沙场前的出征仪式，又或是凯旋而归的情形。

（九）湖北宜昌嫘祖庙

图 3-4-72　嫘祖庙（田兆元　摄）

　　嫘祖庙又名西陵山庙，为纪念黄帝正妃嫘祖而建。相传嫘祖秀丽聪慧，发明了养蚕、缫丝和纺织，并将养蚕缫丝技艺传给了天下妇女。她与黄帝共同创造了华夏古代文明，后世尊称她为"先蚕"。

图 3-4-73　黄帝与嫘祖塑像（田兆元　摄）

　　嫘祖庙又名西陵山庙，为纪念黄帝正妃嫘祖而建。相传嫘祖秀丽聪慧，发明了养蚕、缫丝和纺织，并将养蚕缫丝技艺传给了天下妇女。她与黄帝共同创造了华夏古代文明，后世尊称她为"先蚕"。

四、黄帝纪念馆图像景观

（一）陕西富平县中华郡文化旅游景区

陕西富平县中华郡文化旅游景区以中华五千年文明发源地及"黄帝荆山铸鼎"的史实为文化核心，是展现中华文明、弘扬黄帝文化创造及凝聚民族团结的重要场所。景区内部存在着诸多的图像景观形式，主要有壁画、浮雕以及塑像等，在着重表现黄帝人物形象的同时，注重黄帝人物亲属谱系的建构。核心景观为人文初祖堂。

人文初祖堂由始祖殿、乾元殿、坤元殿组成，象征黄帝铸天、地、人三鼎。除了人文初祖堂这一核心景观以外，还有文圣阁、武圣阁、祈福台等其他景观内容。其中，祈福台则通过一系列壁画展现了黄帝的历史功绩，反映了中华文明的源远流长。作为陵庙之外的景观形式，以黄帝文化为核心的文化旅游区更像是纪念黄帝的文化教育场所，通过一系列的景观营造，将黄帝之于中华文明的历史贡献着重表现了出来。

图 3-4-74　黄帝浮雕塑像（张毅　摄）

　　建筑物外墙所绘黄帝图像，旁侧书有"黄帝，荆山铸鼎肇造文明，人文祖地华人共祭"字样。

图 3-4-75　中华姓氏鼎（张毅　摄）

　　鼎高 16.99 米，据说是华人世界最大的姓氏鼎，铸刻了《百家姓》中与黄帝有关的 300 余姓氏。同时，汇集了中华民族 736 个姓氏。此鼎以弘扬"黄帝铸鼎，肇造中华"的人文圣德，增强海内外儿女的民族认同感。

图 3-4-76　黄帝文化博物馆内黄帝像（张毅　摄）

　　该像以山东武梁祠画像石为底本，复刻了黄帝的图像，存放于黄帝文化博物馆内，是弘扬黄帝文化的重要景观。

图 3-4-77　始祖殿（张毅　摄）

　　始祖殿内供奉黄帝石像正殿内有黄帝塑像，主要展示了黄帝降生、成长、发明创造万物，擒战蚩尤，融合三部，荆山铸鼎等历史功绩。正殿书两联：开疆拓土启文明威扬四海，定鼎安邦传教化德被千秋；从姬水肇兴业拓九州尊始祖，自阪泉鼎盛功垂千载统中原。

图 3-4-78　始祖殿黄帝塑像（张毅　摄）

图 3-4-79　黄帝降生（张毅　摄）

以浮雕形式表现了黄帝降生的过程，相传附宝感雷电而生黄帝。《史记·五帝本纪》载黄帝为少典之子，姓公孙，名轩辕。

图 3-4-80　始祖殿内"三部融合"浮雕（张毅　摄）

　　通过浮雕展现了黄帝、炎帝和蚩尤部族的融合，开早期统一国家之先河。在统一部族过程中，黄帝立下了汗马功劳。

图 3-4-81　天师岐伯（张毅　摄）

　　相传，岐伯是黄帝的医学老师，也是黄帝的医学重臣，为帝师，于是尊之为天师。《黄帝内经》记载黄帝与岐伯有关医学的对答之语，两人一问一答，将探讨的医学知识也记录下来，形成了"岐黄之术"①。

---

①　江幼、李原：《道家文化与中医学》，中国中医药出版社 2017 年版，第 271 页。

图 3-4-82　乾元殿（张毅　摄）

　　乾元殿主要展示从盘古开天、女娲造人到三皇五帝、尧舜盛世等华夏文明演进过程，大殿中心供奉黄帝、嫘祖、仓颉等人物的塑像。此图乾元殿正门，左右两侧为一对楹联："俎豆千秋心香永祭人文祖，威仪四海血脉长绵民族魂。"

图 3-4-83　乾元殿正殿塑像（张毅　摄）

　　正殿表现了黄帝、嫘祖、仓颉等人的历史功绩，图中，黄帝处于正中心，展现了黄帝平定天下，肇始文明的宏伟形象。

图 3-4-84　乾元殿黄帝像（张毅　摄）

　　黄帝为五帝之首，与颛顼、帝喾、尧、舜合称为"五帝"。

图 3-4-85 坤元殿（张毅 摄）

坤元殿通过展示民族谱系、天文历法、医药渊源、文字发展等文化印记，表现了中华民族薪火相传、推陈出新、生生不息的文化传承。坤元殿两侧是一副楹联："恩泽九州延圣德而铭社稷，才通百艺布仁风以授岐黄。"

图 3-4-86　鼎盛广场（张毅　摄）

　　广场"鼎盛千秋鼎"，取自黄帝"荆山铸鼎"之传说，象征着千秋万代，永世延绵。

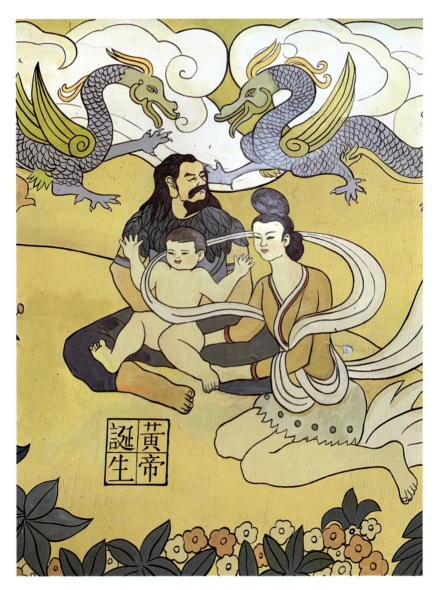

图 3-4-87　"黄帝诞生"壁画（张毅　摄）

图 3-4-88 "黄炎结盟"壁画（张毅 摄）

黄帝与炎帝结盟，共同打败蚩尤，形成了早期的部落联盟。

图 3-4-89　"铸鼎开国"壁画（张毅　摄）

　　史载，黄帝铸鼎荆山下，鼎成而驭龙飞升，鼎是国家权力的重要象征。春秋末年，楚庄王"问鼎中原"，后世将"问鼎中原"比喻为企图夺取政权。

图 3-4-90 "梦游华胥"壁画（张毅 摄）

相传黄帝"梦游华胥"国，见华胥国安定祥和，民众安居乐业，顺应自然之道。表面上写梦游华胥国，实际上借此故事情节表达道家"清静无为"的思想。

图 3-4-91　"降服蚩尤"壁画（张毅　摄）

相传黄帝战蚩尤于涿鹿，黄帝造指南车以辨别方向，破蚩尤迷雾阵，终擒杀蚩尤，完成了部族的统一。

（二）河南新郑黄帝故里

新郑市黄帝故里景是国家级非物质文化遗产项目"新郑黄帝拜祖祭典"的遗产地，也是祭祀黄帝的所在地。春秋时期政治家、思想家子产就曾带领百姓登新郑具茨山拜祭黄帝。汉代始建轩辕庙，历朝历代均有修缮。明代隆庆四年（1570年），于庙前建"轩辕桥"；清康熙五十四年（1715年）新郑县知事许朝术立"轩辕故里"碑，由此而形成黄帝故里的时间演变谱系。迄至今日，黄帝故里仍是祭祀轩辕黄帝的重要场所，每年农历三月三日，华夏儿女共聚一堂，共同纪念人文始祖——轩辕黄帝。

图 3-4-92　黄帝故里碑（黄帝故里景区授权提供）

图 3-4-93 黄帝故里 正大门牌坊（田兆元 摄）

黄帝故里正大门牌坊气势恢宏，突出了黄帝作为人文始祖的崇高地位。牌坊上刻有"中华圣地""黄帝故里"几个字，大门两侧石柱上是一副楹联："始祖功德盖天地泽被九州，华夏文明据古今誉播八方。"

图 3-4-94　黄帝故里石牌坊（田兆元　摄）

据记载，此牌坊始建于汉代，清代时重修。上书"轩辕故里"四个大字。

图 3-4-95　黄帝故里（田兆元　摄）

黄帝故里殿门，上书"华夏龙根荫前裕后，人文始祖耀古烁今"楹联一副，深刻地表明了黄帝作为华夏始祖历史角色的重要作用。

图 3-4-96　黄帝故里扩建纪念碑（田兆元　摄）

图 3-4-97　殿内黄帝金身像（黄帝故里景区提供）

此塑像表现了黄帝的帝王形象，塑像的两侧是壁画，塑像上方则是"人文初祖"匾额，突出了黄帝的独特历史地位。

图 3-4-98　黄帝雕像（田兆元　摄）

　　此塑像表现了黄帝正襟危坐，成千古一帝的帝王形象。他手持宝剑，威风凛凛，接受着炎黄子孙的祭拜。

图 3-4-99　嫘祖像（田兆元　摄）

　　此塑像表现了黄帝正妃嫘祖纺织的情形。因其养蚕缫丝制衣的历史功绩，嫘祖被祀为"先蚕"，是黄帝时期重要的发明者。

（三）河南新郑市广场

图 3-4-100　炎黄二帝像（田兆元　摄）

此塑像位于新郑市炎黄广场，为黄帝和炎帝的塑像。黄帝和炎帝是上古时期部落首领，也是重要的发明家，开华夏文明之先河。

图 3-4-101　炎黄广场大鼎（田兆元　摄）

　　鼎是中华民族的重要象征，黄帝、大禹都曾铸鼎，成为国家和政权的重要象征。同时，鼎是饮食炊具，具有蒸蒸日上、繁荣昌盛的寓意。

图 3-4-102　黄帝塑像（田兆元　摄）

黄帝是中华文明发展的重要符号，他象征着团结统一，凝聚着海内外中华儿女的心灵，成为海外华人、台湾同胞心心念念的共同始祖，是中华民族永远的精神丰碑。图中黄帝手伸向前方，指示着中华儿女前行的道路。

（四）黄河文化风景区

图 3-4-103　炎黄二帝塑像（张毅　摄）

　　矗立在黄河岸的炎黄二帝塑像，标志着炎黄作为黄河文明的重要象征，是华夏儿女的共同始祖。

（五）广州烈士陵园　血祭轩辕亭

图 3-4-104　血祭轩辕亭（廖禹立　摄）

　　血祭轩辕亭建于 1957 年，位于广州烈士陵园红花岗上，是纪念周文雍和陈铁军烈士而兴建。"血祭轩辕"四字由董必武题写。

五、宗教类场所黄帝图像景观

（一）甘肃平凉崆峒山景区

图 3-4-105　甘肃平凉市崆峒山问道宫（张毅　摄）

问道宫以黄帝问道广成子典故为基础修建。《史记》载黄帝东至于海，西至崆峒。《庄子》中载有黄帝问道广成子的故事。原址因修建水库而淹没，后经乡民程有禄、赵长宏等人募资，始建高低错落四层式建筑群。大门处书"广成传道非常道道贯古今，轩辕治国亦兴国国泰民安"楹联。

图 3-4-106　黄帝问道广成子处（张毅　摄）

文献记载，黄帝曾于崆峒山问道广成子，此为黄帝问道广成子处石碑。

图 3-4-107 黄帝问道处石刻（张毅 摄）

图 3-4-108 黄帝问道处石碑（张毅 摄）

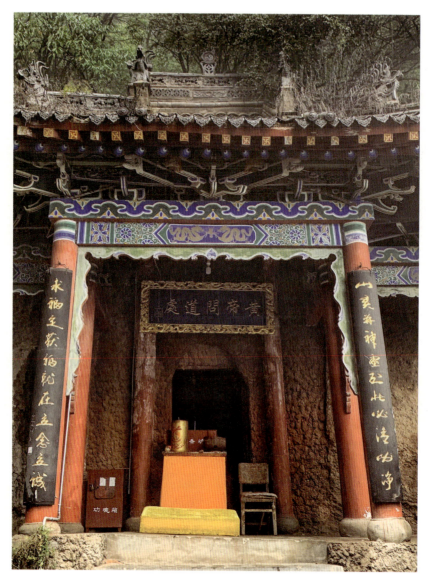

图 3-4-109 南崖宫 黄帝问道处（张毅 摄）

黄帝立天子十九年，闻广成子居崆峒山，便去崆峒山问道。此为黄帝问道广成子的地方，宫内供奉广成子和黄帝的塑像。大门两侧石柱是一对楹联："山灵并神灵到此必清必净，求福定获福就在立念立诚"。

图 3-4-110　黄帝问道广成子匾额（张毅　摄）

图 3-4-111　南崖宫　黄帝、广成子塑像（张毅　摄）

　　该塑像取自黄帝问道广成子的传说，图正中间的是广成子，右侧为黄帝。黄帝站立，双手合十，毕恭毕敬向广成子问道。

图 3-4-112　广成子与赤松子（张毅　摄）

图为广成子与赤松子下棋，广成子居崆峒山，曾与赤松子博弈于棋盘岭。

图 3-4-113　轩辕殿（张毅　摄）

　　轩辕殿亦称轩辕楼，唐代在混元顶建轩辕殿，明末毁于兵焚，殿内供奉彩塑轩辕黄帝普化天尊坐像。大门两侧石柱上为一对楹联："昔日帝王访仙问道于崆峒，今朝将相来往琳宫谒圣迹。"

图 3-4-114　轩辕殿黄帝普化天尊塑像（张毅　摄）

　　崆峒山是道教名山，黄帝问道广成子处。受道教的影响，黄帝被尊奉为黄帝普化天尊。图中塑像明显具有道教的色彩，反映了黄帝人物形象的多元性。

（二）广西南宁淡村黄帝庙

淡村黄帝庙位于广西南宁淡村砂场附近，江南大道外的邕江边，占地140多平方米，内殿供奉有轩辕黄帝、北帝圣君、北府老爷、龙母娘娘和花王圣母等神位，道教和佛教同在一座庙内，信仰混杂。每年旧历九月九日是黄帝的庙诞，当地人会举行祭祀仪式。庙宇建于宋代以后，具体年月已无从稽考。初为辕帝馆，后改名为黄帝庙，也是目前已知的广西唯一的一座黄帝庙。

图 3-4-115　黄帝庙（莫永恒　摄）

图 3-4-116　正殿塑像（莫永恒　摄）

正殿供奉黄帝塑像，正前牌位书"高穹开元治世人文姓祖轩辕黄帝"，两侧供奉神仙牌位分别书写"北极镇天真武玄天上帝"和"辅元开化掌桂李北府"。

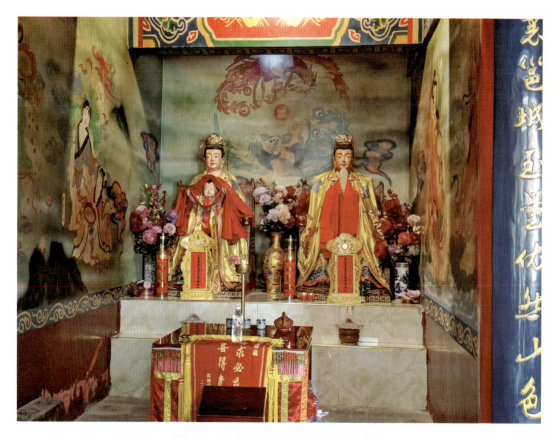

图 3-4-117　正殿左侧塑像（莫永恒　摄）

正殿左侧为"上宫南堂六国花王圣母"和"盖天后宫云应龙母娘娘"。

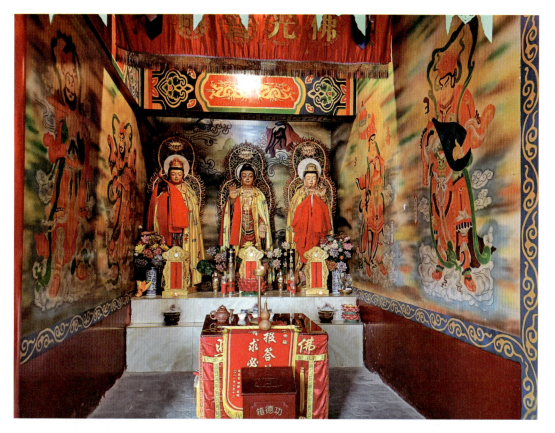

图 3-4-118　正殿右侧塑像（莫永恒　摄）

　　正殿右侧中间为"南无阿弥陀佛如来"，两侧分别是"南无慈悲大势至菩萨"和"南无灵感观世音菩萨"。

图 3-4-119　正殿左侧财神爷塑像（莫永恒　摄）

（三）广东潮阳东山黄帝庙

广东潮阳黄帝庙位于东山风景区旁侧，由主厅、拜亭、侧室及沿埕等构成。里面供奉有"人文初祖"黄帝和元妃嫘祖，文臣仓颉伴其左，武将柏鉴伴其右。据记载，庙宇约建于清代，曾于1941年被毁，1981年由当地的"制锦工人"重建。庙门两侧题有"拓地建邦垂衣裳以照华胄，活人济世办医药而著内经"楹联一副。

图 3-4-120　黄帝庙（陈生馨　摄）

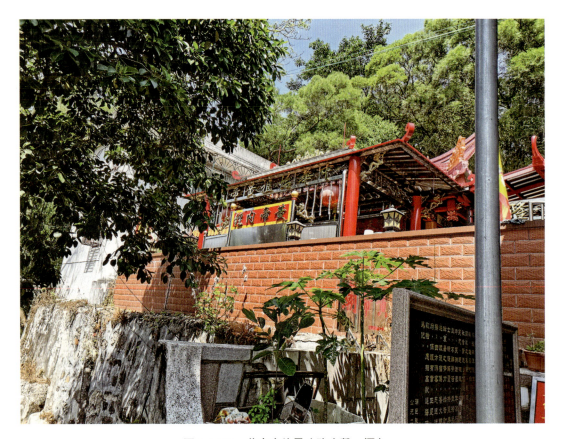

图 3-4-121　黄帝庙外景（陈生馨　摄）

图 3-4-122 黄帝庙（陈生馨 摄）

殿内供奉黄帝、嫘祖神像，大臣仓颉、柏鉴伴其左右。

图 3-4-123　庙内碑记（陈生馨　摄）

第五节　当代黄帝创世神话创意图像

一、概述

　　黄帝当代创意图像是指在当代借助各种艺术表现形式，如剪纸、雕刻、灯光、影视等，能够展现黄帝亲属及其大臣形象、黄帝时期创造发明及黄帝事迹的媒介形式。这些创意图像，构成了黄帝当代的时间叙事谱系。在实际的田野作业中，我们发现这类图像呈现出多种多样的形式，各地都有，数量庞多，种类复杂。因此，本书在表现黄帝当代创意图像时，仅选取了一部分具有代表性的创意图像，以飨读者。

二、各地黄帝创世神话创意图像

（一）陕西黄帝陵

图 3-5-1　黄帝像（张毅　摄）

　　此黄帝像位于陕西黄陵县黄帝陵内，1991 年由柯芳美绘制。该碑刻延续了黄帝的帝王形象，温文尔雅，谦逊端庄。

（二）陕西中华始祖堂

图 3-5-2　炎帝、黄帝与蚩尤浮雕（张毅　摄）

图 3-5-3　黄帝战蚩尤　炎黄联盟浮雕（张毅　摄）

图 3-5-4　黄帝战蚩尤　蚩尤部族浮雕（张毅　摄）

　　炎帝、黄帝与蚩尤是上古时期三部落首领，后黄帝统一三部，成为中华民族的共同始祖。以上三幅图片，分别展现的是炎帝、黄帝和蚩尤的人物形象以及炎黄联盟大战蚩尤的场景。

图 3-5-5　黄帝浮雕（张毅　摄）

　　相传，黄帝著医学著作《黄帝内经》。此铜质浮雕雕刻的是黄帝的形象。此图像是典型的帝王形象，反映了黄帝独特的历史地位和卓越成就，尤其是他著医学典籍，开创中华医药文明。

图 3-5-6　剪纸艺术　少年轩辕（张毅　摄）

图 3-5-7　剪纸艺术　黄帝像（张毅　摄）

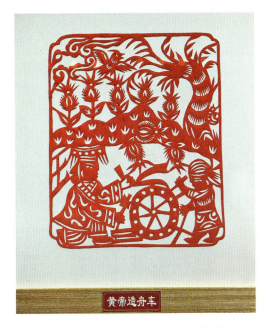

图 3-5-8　剪纸艺术　黄帝造舟车（张毅　摄）

图 3-5-9　剪纸艺术　黄帝铸鼎（张毅　摄）

图 3-5-10　剪纸艺术　常先蒙鼓（张毅　摄）

图 3-5-11　剪纸艺术　黄帝铸鼎（张毅　摄）

图 3-5-12　剪纸艺术　黄帝农耕（张毅　摄）

图 3-5-13　剪纸艺术　黄帝赐婚（张毅　摄）

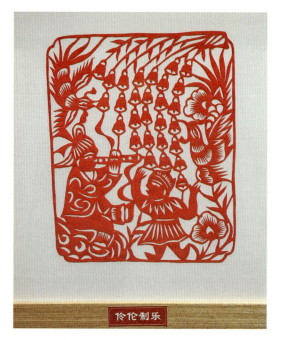

图 3-5-14　剪纸艺术　伶伦制乐（张毅　摄）

图 3-5-15　剪纸艺术　嫘祖养蚕（张毅　摄）

上述 10 幅剪纸作品是根据黄帝及其侍臣的历史创造而创作的。一方面展示了黄帝独特的历史地位及其贡献，受到了后人的爱戴；另一方面，也显示出黄帝创世神话图像的多元表现形态。同其他艺术载体一道，共同构成了黄帝图像的形式谱系。

图 3-5-16　黄帝像（张毅　摄）

借助灯光表演艺术，融合音乐元素，将黄帝形象表现出来。

图 3-5-17　黄帝时期的发明创造（张毅　摄）

　　图为黄帝时期重要的发明创造，主要有伶伦造乐、大鸿讲经、仓颉造字、嫘祖教织、常先荷剑及风后负书、力牧正律，反映了中华文明的早期成就。

图 3-5-18　瓶身黄帝像（张毅　摄）

图 3-5-19　轩辕黄帝像纪念盘（张毅　摄）

图 3-5-18 和图 3-5-19 反映的是黄帝文化创意产品。将黄帝形象雕刻在瓶身、圆盘等器皿上，可以形成一种独特纪念物，以纪念黄帝的历史创造。在黄帝陵寝所在地开发文化创意产品，又可以打造地方文化品牌，形成地域文化特色。

图 3-5-20　黄陵面花（张毅　摄）

黄陵面花是用面粉、食用色素、水等原材料制作的具有浓郁地方特色的民间手工艺，主要用于祭祀、婚庆、寿礼、节气等重大场合。黄陵面花与黄帝祭典紧紧融合在一起，是敬献黄帝的重要祭品。

（三）黄陵县轩辕大道

图 3-5-21　喷绘图案　嫫母像（张毅　摄）

图 3-5-22　喷绘图案　仓颉造字（张毅　摄）

（四）其他图像

图 3-5-23　轩辕黄帝像 ①

---

① 陈连山：《中国神话传说》，五洲传播出版社 2008 年版，第 48 页。

参考文献

一、书籍

司马迁：《史记·封禅书》，中华书局 1962 年版。

森安太郎著，王孝廉译：《黄帝的传说——中国古代神话研究》，时报文化出版企业有限公司 1988 年版。

顾领刚著：《顾领刚古史论文集》第三册《三皇考》，中华书局 1996 年版。

何炳武、方光华著：《黄帝的祭典》，三秦出版社 1998 年版。

许海星、杨海青著：《三门峡考古文集》，中国档案出版社 2001 年版。

李学勤、张岂之主编：《炎黄汇典·图像卷》，吉林文史出版社 2002 年版。

鲁谆、丕光主编：《炎黄汇典》，吉林文史出版社 2002 年版。

徐旭生著：《中国古史的传说时代》，广西师范大学出版社 2003 年版。

中共新密市委史志办公室编：《新密市历史大事记（2002—2005）》，中共新密市委史志办公室 2006 年版。

陈连山著：《中国神话传说》，五洲传播出版社 2008 年版。

［英］彼得·伯克著，杨豫译：《图像证史》，北京大学出版社 2008 年版。

张安生著：《中国历代纸币展图集》，中国金融出版社 2009 年版。

王洪震著：《汉画像石》，新世界出版社 2011 年版。

钱穆著：《黄帝》，三联书店 2012 年版。

曾繁模、李玲著：《老重庆影像志·老纸票》，重庆出版社 2013 年版。

李桂民著：《黄帝史实与崇拜研究》，中国社会科学出版社 2014 年版。

黄建军著：《列子译注》，商务印书馆 2015 年版。

罗小华著：《潘诺夫斯基图像学研究》，中国社会科学出版社 2016 年版。

［英］弗朗西斯·哈斯克尔著，孔令伟译：《历史及其图像——艺术及对往昔的阐释》，商务印书馆 2018 年版。

二、论文

章开沅：《辛亥革命时期的社会动员：以"排满"宣传为实例》，《社会科学研究》1996 年第 5 期。

段宝林：《蚩尤考》，《民族文学研究》1998 年第 4 期。

曹意强：《可见之不可见性——论图像证史的有效性与误区》，《新美术》2004 年第 2 期。

缪哲：《以图证史的陷阱》，《读书》2005 年第 2 期。

李桂民：《先秦诸子的黄帝观述论》，《西北大学学报（哲学社会科学版）》2005 年第 6 期。

石川祯浩：《20 世纪初年中国留日学生"黄帝"之再造——排满、肖像、西方起源论》，《清史研究》2005 年第 4 期。

郑素春：《道教仙传中的黄帝》，《辅仁宗教研究》2006 年第 14 期。

王旭瑞：《历史之为记忆：黄帝祭祀的流变》，《社会科学评论》2007 年第 2 期。

游红霞：《论蒋观云的神话学思想》，《长江大学学报（社会科学版）》2008 年第 4 期。

李桂民：《两汉黄帝崇拜发微与黄帝形象的神人融通》，《学术探索》2010 年第 4 期。

邓菲：《图像与思想的互动——谈跨学科研究中的图像艺术》，《复旦学报（社会科学版）》2012 年第 1 期。

陈琳：《图像证史之证解》，《东南学术》2013 年第 2 期。

黄厚明：《艺术史研究的守界与跨界》，《民族艺术》2014 年第 2 期。

马长伟、姚会元：《民国时期纸币发行中的领券制度及其启示》，《国际金融研究》2014 年第 2 期。

白云涛：《全面抗战初期的国共合作》，《中国国家博物馆馆刊》2015年第6期。

孟彦弘：《以图证史：艺术与真实——凭几而写抑或持简而书?》，《学术月刊》2017年第12期。

张长虹：《亦真亦幻：图像与文献的交错》，《学术月刊》2017年第12期。

高强：《抗战时期炎黄文化的勃兴》，《清华大学学报（哲学社会科学版）》2018年第6期。

张泽洪：《道教视野中的黄帝》，《四川大学学报（哲学社会科学版）》2018年第2期。

后　记

继"十二五"国家重点图书出版规划项目"神话文库"之后，上海市文化品牌项目"中华创世神话研究工程"又取得了丰硕的成果。创世神话既是关于天地开辟、人类和万物起源的神话，也是人类在自然社会中生存和发展的智慧结晶。恩格斯曾经说过，理论思维决定了一个民族是否能站在科学的高峰。此套书在理论上，进一步探索、开辟了创世神话研究的新领域、新方法；在实践上，多角度全方位地对国内50多个民族的创世神话进行了深入发掘和整理，向世界展示了中华民族创世神话资源的丰富性和多样性，其中一些著作还被译成外文走向国际传播。

承蒙恩师惠泽，我们有幸参与到创世神话图像谱系系列丛书的创作工作中。在近一年的写作过程中，我们查阅了大量的研究资料，不辞辛劳奔赴数地考察。所以，该书既有对前人研究的思考，又有脚踏实地的田野调查活动。对于神话图像的研究方法，国内海峡两岸诸多学者进行过探讨，提出了较有价值的看法，这为本书的撰写奠定了坚实的理论基础。而本书也借鉴其他学科对于图像研究取得的既有成果，结合黄帝创世神话图像的特点，尝试用谱系观对神话图像从关系、空间、时间和形式上进行多层面的剖析，力图从立体的多重叙事来读解黄帝创世神话图像所蕴含的深刻意义。在田野调查过程中，我们所收集的图像既有典籍里的绘画，也有散落在民间的庙宇、塑像、石刻、版画等。无论这些图像是何种形式，我们都能看到黄帝成为中华民族精神象征的稳定性，具有团结各族人民的凝聚力。黄帝崇拜在民间分布之广，可谓遍野皆是，这也反映了黄帝神话的巨大影响力。黄帝不仅是"人文初祖"，在民间还是医药、服装、车辆等多种行业的鼻祖，深受百姓的爱戴。黄帝创世神话图像谱系的解析，为我们展示了远比文字记载更为广泛和丰富的黄帝崇拜形成历史和类型分布，揭示了中华民族生生不息的智慧源泉。

　　恰逢疫情期间，田野调查遇到诸多困难和不便，又因获得授权困难尚有大量当代创作的黄帝创世神话图像未收纳其中，使本书还存在不足之处，深感遗憾。该书完稿后得到多位专家和同门的指点，感激不尽。编辑耐心且认真的工作态度也使我们深受感动。最后，还望同行及读者多多给予意见，使我们在将来的学习和研究中不断进步。

覃霄　张毅

2022 年 1 月　于上海

图书在版编目(CIP)数据

黄帝创世神话图像谱系/覃霄,张毅著. —上海：
上海人民出版社,2022
(中华创世神话研究工程系列丛书.中华创世神话图
像编)
ISBN 978-7-208-17750-5

Ⅰ.①黄… Ⅱ.①覃… ②张… Ⅲ.①神话-人物形
象-中国-图集 Ⅳ.①B932.2-64
中国版本图书馆 CIP 数据核字(2022)第 117462 号

责任编辑 罗　俊　宫兴林
封面设计 李　祎

中华创世神话研究工程系列丛书·中华创世神话图像编
黄帝创世神话图像谱系
覃　霄　张　毅 著

出　　　版　上海人民出版社
　　　　　　(201101　上海市闵行区号景路 159 弄 C 座)
发　　　行　上海人民出版社发行中心
印　　　刷　商务印书馆上海印刷有限公司
开　　　本　720×1000　1/16
印　　　张　24
插　　　页　5
字　　　数　382,000
版　　　次　2022 年 8 月第 1 版
印　　　次　2022 年 8 月第 1 次印刷
ISBN 978-7-208-17750-5/B·1625
定　　　价　168.00 元